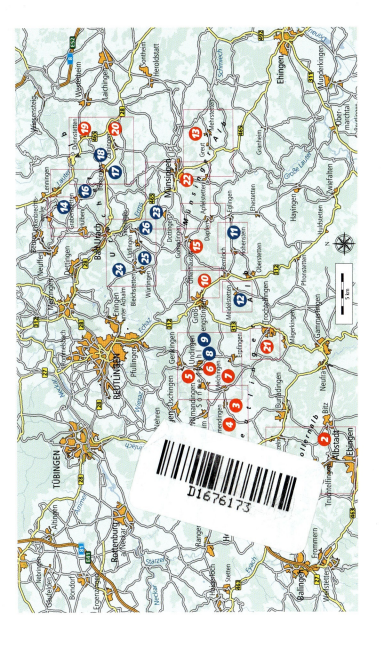

Brigitte Gisel/Heiner Keller

Die schönsten
Langlauftouren
in der Region Neckar-Alb

Loipen • Landschaft • Genusstipps

Oertel+Spörer

Bildnachweis

Titelabbildung: Gemeinsam macht Langlaufen noch mehr Spaß. Die Aufnahme entstand auf der Grabenstetter Loipe.

Heiner Keller:	Titelabb., 9, 46, 47, 49, 50, 51, 55, 56, 63, 65, 67, 69, 70, 71, 73 o. und u., 75, 76, 77, 82
Brigitte Gisel:	4. Umschlags.; 12, 13, 15, 16, 17, 19, 20, 23, 25, 27, 29, 31, 33, 39, 41, 78, 89, 91, 93, 95
Michael Merkle:	2, 58
Jürgen Rahmig:	35, 37
Petra Schöbel:	81, 83, 85, 87
Gemeinde Hohenstein:	43

Haftungsausschluss

Die Hinweise in diesem Buch stammen von den Autoren. Sie sind sorgfältig recherchiert. Es können jedoch keinerlei Garantien übernommen werden. Eine Haftung der Autoren bzw. des Verlages und seiner Beauftragten für Personen-, Sach- und Vermögensschäden ist ausgeschlossen.

Bibliografische Information der Deutschen Nationalbibliothek

Die Deutsche Nationalbibliothek verzeichnet diese Publikation in der Deutschen Nationalbibliografie; detaillierte bibliografische Daten sind im Internet über http://dnb.d-nb.de abrufbar.

© Oertel+Spörer Verlags-GmbH+Co.KG · 2006
Postfach 16 42 · 72706 Reutlingen
Alle Rechte vorbehalten
Schrift: 9/11 p Officina Sans
Karten: Anneli Nau, Computergrafik·Kartografie, München
DTP und Repro: Raff digital GmbH, Riederich
Druck und Bindung: Oertel+Spörer Druck und Medien-GmbH+Co., Riederich
Printed in Germany
ISBN-10: 3-88627-244-3
ISBN-13: 978-3-88627-244-0

Inhalt

Bildnachweis · Impressum 4
Inhalt 5
Einleitung 7

Loipen Albstadt 10

1. **Albstadt** – Raichberg-Loipe 10
2. **Albstadt** – Degerfeld-Schlossberg-Loipe 10

Salmendinger Loipen 14

3. **Salmendingen** – Ghaiberg-Loipe 14
4. **Salmendingen** – Kornbühl-Loipe 18

Sonnenbühler Loipen 20

5. **Sonnenbühl** – Bolberg-Loipe 22
6. **Sonnenbühl** – Sonnenbühl-Loipe 24
7. **Sonnenbühl** – Schwaben-Loipe 26
8. **Sonnenbühl** – Täler-Loipe 30
9. **Sonnenbühl** – Golfplatz-Loipe 32
10. **Kleinengstingen** – Kohltal-Loipe 34

Hohensteiner Loipen 38

11. **Hohenstein** – Ödenwaldstetter Loipe 38
12. **Hohenstein** – Dachenstein-Loipe 42
13. **Mehrstetten** – Böttental-Loipe 44

Inhalt

14	**Erkenbrechtsweiler** – Berghau-Loipe	48
15	**Gomadingen** – Sternberg-Loipe	52
16	**Grabenstetten** – Grabenstetter Loipe	56
	Römersteiner Loipen	60
17	**Römerstein** – Aglishardter Loipe	60
18	**Römerstein** – Böhringer Loipe	64
19	**Römerstein** – Donnstetter Loipe	68
20	**Römerstein** – Zaininger Loipe	72
21	**Trochtelfingen** – Grafental-Loipe	74
	Münsinger Loipen	78
22	**Münsingen** – Alenbrunnen-Loipe	80
23	**Münsingen** – Dottinger Loipe	84
	St. Johanner Loipen	88
24	**St. Johann** – Hesselbuch-Loipe	88
25	**St. Johann** – Täles-Loipe	92
26	**St. Johann** – Auental-Loipe	94

Einleitung

Es muss nicht immer Schwarzwald oder Engadin sein. Die Schwäbische Alb hat sich in den letzten schneereichen Wintern immer mehr zu einem Geheimtipp für Langläufer entwickelt. Und warum eigentlich Winter für Winter über die immer gleichen Loipen schnüren – auf der Alb gibt es Auswahl für alle Ansprüche an Länge, Landschaft und Schwierigkeitsgrad. Man muss sie nur kennen.

Aus dieser Überlegung heraus entstand die Idee zu dem jetzt vorliegenden kleinen Büchlein. Schon der Winter 2004/2005 hatte es mit uns passionierten Langläufern gut gemeint. Kalte, sonnige Tage mit ausreichend Schnee haben uns immer wieder auf die Loipen gelockt. Und siehe da – auch außerhalb der „Rennstrecken" fanden sich plötzlich gut präparierte Loipen, die die Alblandschaft von einer ganz neuen Seite zeigten. Und der nächste Winter legte noch eine Schippe Schnee drauf.

Es ist eine subjektive Auswahl, die wir auf diesen 96 Seiten vorstellen. Doch wir sind überzeugt, dass sich für alle Freunde der schmalen Bretter eine passende Tour findet – und sie auch die von uns ausfindig gemachten „Einkehrschwünge" und Wellness-Tipps zu schätzen wissen.

Skilanglauf hat sein angestaubtes Image abgelegt und liegt zu Recht voll im Fitness-Trend: Langlaufen kann man sein ganzes Leben lang, als Ganzkörpersportart trainiert der Langlauf das Herz-Kreislauf-System ebenso wie sämtliche wichtigen, großen Muskelgruppen. Die Bewegung an der frischen Luft und das Erlebnis einer oftmals noch recht unberührten Naturlandschaft vertreiben zudem zuverlässig den Winter-Blues.

Für die Städte und Gemeinden auf der Schwäbischen Alb bietet der Skilanglauf sicherlich eine Chance, sich in Sachen Wintersport-Tourismus zu positionieren. Dazu bedarf es neben den in ausreichender Zahl bereits vorhandenen Hotels, Restaurants und Ferienwohnungen auch gut und sorgsam präparierter Loipen. Viele Gemeinden haben die Chancen, die sich in dem touristischen Wintersportangebot in einem klassischen Mittelgebirge bieten, längst erkannt. Hie und da lässt sich mit – wie wir meinen – vertretbarem Aufwand noch einiges tun.

Langläufer auf der Alb sind meist im Herzen Skandinavier und bevorzugen den klassischen Langlaufstil, die Diagonaltechnik. Doch auch hier gibt es inzwischen Strecken für sportlich Ambitioniertere, die gerne in der Skating-Technik durch

Einleitung

die weiße Winterwelt flitzen. In diesem Loipenführer findet sich mit den Strecken auf dem Raichberg-Plateau oder auch mit der Runde beim „Hesel"-Lift zwischen Böhringen und Donnstetten der eine oder andere Hinweis auf glatt trassierte Skatingpisten für all diejenigen, die bei entsprechend guter Lauftechnik und noch besserer Kondition aus dem Skilanglauf manchmal auch ein persönliches Geschwindigkeitserlebnis machen wollen.

Langlaufloipen führen oft durch unberührte Natur. Damit dies so bleibt, sollten sich Langläufer auch wie Naturschützer verhalten: Also beispielsweise möglichst in der Loipe bleiben, um Tiere nicht unnötig zu erschrecken. Abfälle gehören in den Rucksack und den heimischen Abfalleimer. Auch auf den Loipen gibt es Verkehrsregeln: Wer in der ausgeschilderten Richtung fährt, hat weniger Gegenverkehr. Und anders als auf Pass-Straßen haben Abfahrer Vorrang. Wer stehen bleiben und die Landschaft betrachten will, sollte vor allem an unübersichtlichen Stellen die Loipe frei machen.

Und nun für den kommenden Winter viel Spaß. Wir wünschen Ihnen – und auch uns – schöne Wintertage mit viel Sonne und immer einer Handbreit Schnee unter den Brettern.

Das Autoren-Team
Brigitte Gisel, Petra Schöbel,
Heiner Keller, Michael Merkle und
Jürgen Rahmig

▬▬ Loipe leicht	▬ ▬ ▬ Skatingloipe
▬▬ Loipe mittelschwer	▪ ▪ ▪ ▪ Verbindungsloipen/Varianten

Die Skating-Technik kann man auf der Spur am Skilift „Hesel" versuchen. ▷

Loipen Albstadt

❶ Raichberg-Loipen

Die beiden Raichberg-Loipen führen durch eine reizvolle Landschaft. Das erste Teilstück zeichnet sich durch kuppiges Gelände aus, das zweite wirkt landschaftlich reizvoller.

❷ Degerfeld-Schlossfelsen-Loipe

Sie lässt sich gut mit den Raichberg-Loipen kombinieren und sogar noch um die Bitzer Loipe erweitern.

Streckenprofil

 8 km
komb. 16 km

 1,5 bis 6
Stunden

 Höhenmeter
120 bis 400 m

Anfahrt
Mit dem Auto über die B 27 nach Hechingen und Bisingen (Abfahrt), über Thanheim und Onstmettingen zum Raichberg. Je nach gewählter Rundloipe gibt es vor Ort auf mehreren Parkplätzen diverse Abstellmöglichkeiten für das Auto.

Loipenverlauf
Als günstigen Startpunkt wählen wir den Parkplatz an der Verbindungsstelle der beiden Rundloipen Raichberg 1 und 2 an der schmalen Straße zwischen Onstmettingen und Hausen (nach starken Schneefällen gelegentlich gesperrt). Für die Raichberglgoipe 1 stellt sich nun die Frage: klassisch laufen oder doch lieber skaten? Wir entscheiden uns heute zunächst für das Skaten. Mit flotter 1:1-Technik geht es übermütig los. Natürlich beachten wir die festgelegte Laufrichtung, die besonders an gut besuchten Tagen hilfreich sein kann. Sowohl die klassische Spur als auch die angenehm breite Skatingstrecke sind nahezu perfekt präpariert. Albstadt macht seinem Ruf als

Zollernalb

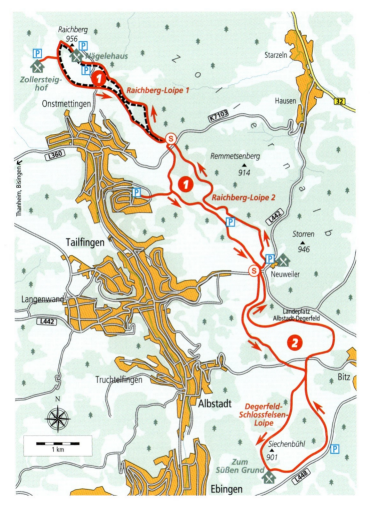

regionales Wintersportzentrum alle Ehre. Der Verlauf ist am Anfang recht lebendig. Zu etlichen Kurven gesellen sich unzählige Kuppen. Die reizvolle Natur auf dem Raichberg ist ein echter Genuss.

Albstadt

Nach einer längeren ebenen Passage geht es auch ohne Rückenwind flott hinunter in eine Senke. Es folgt ein langer Anstieg in zwei Etappen, bei dem eine Straße überquert werden muss. Oben angekommen, lockt das Nägele-Haus zu einer Einkehr. Für konditionell schwache und dafür stark kulinarisch orientierte Sportler eine Versuchung nach der Anstrengung. Doch wir verzichten auf eine Pause und erholen uns bei der kurvigen Abfahrt am Rande eines kleinen Waldstücks.

Wenig Geübte können hier auch kurz abschnallen und laufen. Auf dem leicht geneigten, weitläufigen Hang macht die Loipe danach eine Schleife. Spuren im Schnee dokumentieren die Ungeduld einiger Sportler und verraten deren Abkürzung. Fast eben geht es wieder bis hoch zur Straße. Nachdem diese erneut überquert ist, fordert ein moderater, aber langer Anstieg die Bein-, Rücken- und Armmuskulatur heraus. Danach führt die Strecke wieder sportlich über manche Kuppe. Auf der Zielgeraden hin zum Parkplatz geht es erneut über eine Ebene.

Am Parkplatz angekommen, wechseln wir Schuhe und Skier. Der zweite Abschnitt weist lediglich eine klassische Spur auf. Wir überqueren die Straße nach Hausen und schnallen uns mit zwei Klicklauten die schmalen Latten unter die Schuhe.

Dann geht es erst einmal flott abwärts. In einer lang gezogenen Linkskurve zieht sich wenig später die Spur hoch auf eine schöne Anhöhe, die nachfolgende rasante Abfahrt führt uns bis an den Wald, der kurz durchquert wird.

Nach dem Blick auf verschneite Bäume weitet sich die Landschaft eindrücklich vor unseren Augen. Immer wieder wechseln sich nun kurze Anstiege und lange ebene Passagen ab. Nach der Hälfte der Strecke erreichen wir den Parkplatz an der Straße bei Neuweiler. Die Loipe macht hier eine Kehre und führt zunächst fast als Spiegelbild der gelaufenen Strecke zurück.

Die letzten Meter geht's bergauf. Aber im Nägele-Haus des Albvereins lässt sich prima rasten.

Zollernalb

Weit und breit nur Schnee und Stille.

Dort wo wir zuvor aus dem Wald gekommen waren, geht es auf dem Rückweg nach rechts weg. Nach einer sanft geschwungenen Schlaufe über eine beschauliche Lichtung geht es im Zickzackkurs in den Wald und wir erreichen erneut unseren Ausgangspunkt.

Schneetelefon: 07431-1601204

Unser Tipp

Albstadt bietet mit seinen Loipen unzählige Möglichkeiten mit und ohne Anschlüsse. So lohnt sich die Kombination der beiden Raichberg-Loipen mit der Degerfeld-Schlossfelsen-Loipe. Die 25 km sind für geübte Läufer ein landschaftliches Erlebnis. Wer sprichwörtlich vom „Langlaufen" nicht genug bekommen kann und nicht nur Kreise drehen mag, kann mit den beiden Raichberg-Loipen und der um die Bitzer Loipe verlängerten Degerfeld-Schlossfelsen-Loipe über 40 km durch eine zauberhafte Winterlandschaft ziehen.

Salmendinger Loipen

Salmendingen verfügt über insgesamt 23 km gespurte Skiwanderwege, die sich auf zwei Loipen verteilen. Da sie nahe beieinander liegen, lassen sie sich gut kombinieren.

❸ Ghaiberg-Loipe

Die Loipe ist für Anfänger gut geeignet, trotz ihrer exponierten Lage windgeschützt und lässt tief blicken.

Streckenprofil

 5 km   1 Stunde   Höhenmeter 25 m

Anfahrt

Von Richtung Reutlingen–Tübingen beispielsweise über Gönningen, Öschingen, Talheim bis kurz vor Melchingen, dann rechts abbiegen und auf der K 7161 nach Salmendingen fahren. Ausgangspunkt für die Ghaiberg-Loipe ist der Parkplatz Geißhalde am Skilift Ghaiberg. Dazu nach dem Ort am Ortsausgang Richtung Ringingen noch rund einen Kilometer weiterfahren und dann links den ausgeschilderten Parkplatz ansteuern.

Loipenverlauf

Das Vergnügen, auf der gemütlichen Spazier-Loipe über die Höhen des Ghaibergs zu gleiten, muss man sich erarbeiten. Vom Parkplatz heißt es nach einem Blick auf die gegenüber liegende Salmendinger Kapelle erst einmal Ski tragen: Rund 200 m lang ist der Weg bis zur Talstation des Skilifts; von dort führt ein Trampelpfad entlang der Skipiste am Waldrand weitere 100 m bergauf, bis ein weißes Schild den Einstieg in die Ghaiberg-Loipe weist.

Der anstrengendste Teil der Tour ist damit überstanden, denn von nun an geht's weitgehend eben durch eine Landschaft, die wunderbare Blicke auf Melchingen, die Windräder des Himmelbergs und das im

Auch wenn's drunten im Tal schon nach Frühling riecht, kann man auf der Ghaiberg-Loipe oft noch eine Runde drehen.

Tal liegende Salmendingen erlaubt. Gleich zu Beginn würde die (allerdings nicht bewirtschaftete) Hütte des Schwäbischen Albvereins zum Rasten einladen – aber nach der Tour schmeckt der Tee umso besser. Die Loipe führt links an der Hütte vorbei, eine kleine Anhöhe hinab und nach rund 500 m auf eine Kreuzung. Die Loipe biegt an dieser Stelle rechts ab – Vorsicht, die Spur ist oft ausgetreten und schnell lugt der blanke Boden aus dem Schnee! Wir haben das Gewann „Auf Berg" erreicht, eine recht einsame, von Wald begrenzte Hochebene mit kleinen Hügelchen und markanten, freistehenden Bäumen. Wer gegen den Uhrzeigersinn fährt, stößt nach rund eineinhalb Kilometern am Ende einer kleinen Abfahrt auf eine Rechtskurve – hier ist Halbzeit. Von nun an geht es mit dezentem Auf und Ab am Waldrand entlang in Gegenrichtung.

Ist die Hochebene einmal umrundet, biegt die Loipe links ab und führt zurück in Richtung Skilift, wobei sich von der Höhe über dem Skihang fantastische Blicke auf den Albtrauf und das Albvorland auftun – bei klarem Wetter reicht die Aussicht bis zu den Hochhäusern von Tübingen-Waldhäuser-Ost, zum

Salmendingen

Zur Stärkung und zum Sonnenbad lädt die Skihütte am Ghaiberg ein.

Sternberg bei Gomadingen und sogar bis nach Stuttgart. Da die Loipe in knapp 900 Meter Höhe verläuft und damit zu den schneesichersten der Region gehört, kann man auf ihr im zeitigen Frühjahr die Abschiedsrunde durch den Winter drehen und dabei schon mal einen Blick ins grüne Tal werfen.

Sportliche fahren vom Aussichtspunkt im Pflug am Rande der Skipiste bis zur Talstation des Skilifts, alle anderen schnallen ab und laufen.

Schneetelefon: 0171-8945970 und 07126-927727

Unser Tipp

Für den „Einkehrschwung" gibt es am Skilift Ghaiberg eine Hütte, bei der man sich während der Betriebszeiten des Skilifts mit Wasser, Kaffee oder – nach der Runde – mit einem Glühwein belohnen kann. Am Wochenende sind auch Brezeln, Saitenwürstle (mit Holzofenbrot!) und Kuchen im Angebot. Tische und Bänke laden zum Sonnenbad ein.

Von der Ghaiberg-Loipe sieht man den Kornbühl mit der Salmendinger Kapelle. ▷

Salmendingen

4 Kornbühl-Loipe

Spazierfahrerloipe für sportlich wenig Ambitionierte, die den herben Charme offener Landschaft lieben und Gegenwind nicht scheuen.

Streckenprofil

 18 km
Teilstr. 12 km
 2 bis 3 Stunden
 Höhenmeter 25 m

Anfahrt
Von Richtung Reutlingen–Tübingen beispielsweise über Gönningen, Öschingen, Talheim bis kurz vor Melchingen, dann rechts abbiegen und auf der K 7161 nach Salmendingen fahren. Dann nach dem Ort am Ortsausgang Richtung Ringingen noch rund 1,5 km weiterfahren und das Auto rechts am Parkplatz Kornbühl abstellen.

Loipenverlauf
Sportliche Langläufer, gar solche, die das Auf und Ab, schwierige Kurven oder sonstige Herausforderungen schätzen, sind hier fehl am Platz. Die Kornbühl-Loipe, genau genommen sind es sogar zwei, ist eben. Topfeben. Der Rundkurs um den markanten Zeugenberg mit der Salmendinger Kapelle ist ein Ausflug für Liebhaber des langsamen Dahingleitens.

Am Rande des Parkplatzes am Kornbühl beginnt die Loipe – oder besser gesagt, die Loipen. Denn auf der Hochebene des Kornbühls wird gerne abseits ausgetretener Spuren gefahren. Da die Loipe über viele Äcker führt, muss zudem ordentlich viel Schnee liegen, bevor professionell gespurt werden kann. Die Orientierung ist dennoch leicht. Der Weg führt gegen den Uhrzeigersinn erst am Fuße des Kornbühls und der Salmendinger Kapelle entlang und orientiert sich dann am Waldrand. Einen knappen Kilometer nachdem das Sträßchen zum Dreifürstenstein überquert wurde, teilt sich die Spur. Die kürzere Variante mit einer Gesamtlänge von 12 km führt jetzt in einem weiten Bogen zum Ausgangspunkt zurück, während die längere noch einen immerhin 6 km langen Abstecher in Richtung

Reutlinger Alb

Dreifürstenstein macht. Auch hier führt die Spur immer am Waldrand entlang, macht am Unteren Schömberg eine Kehrtwende und trifft nach rund 3 km wieder auf die eigentliche Kornbühl-Loipe. Von nun an nähert man sich von Süden her wieder dem Ausgangspunkt. Die Kapelle bleibt immer im Blickfeld.

Wenn aber zwischendurch der Wind pfeift oder leichtes Schneegrieseln einsetzt, gibt es schon auf dem ersten Teil der Tour die Möglichkeit abzukürzen und in einer der wilden Spuren quer über die Felder zum Parkplatz zurückzukehren. Wobei auch schon die Achillesferse der landschaftlich sehr reizvollen Loipe genannt wäre: Schon bei blauem Himmel kann ein kalter Wind, der ungehindert über die Ebene pfeift, den „Windchill"-Faktor spürbar machen: Es wird dann bissig kalt und die Spur ist schnell vom Winde verweht. Dies gilt umso mehr bei leichtem Schneetreiben. Nach einer halben Stunde bei Gegenwind, leichtem Nebel und Schnee stellt sich ein Sibirien-Gefühl ein. Nach einer Stunde würde man sich auch über einen Yeti nicht mehr wundern.

Schneetelefon:
0171-8945970
und 07126-927727

Auf der Kornbühl-Loipe bläst einem manchmal der Wind ins Gesicht.

Unser Tipp

Droben stehet die Kapelle – was den Wurmlingern Recht, ist den Salmendingern billig. Erste Hinweise auf die Salmendinger Kapelle, die auf dem 886 m hohen Kornbühl thront, datieren aus dem Jahr 1507, der Renaissance-Altar stammt aus der zweiten Hälfte des 17. Jh. Den Weg nach oben säumt ein Kreuzweg mit 14 Stationen.
Aber auch ganz profane Naturliebhaber kommen auf ihre Kosten: Vom Platz vor der Kapelle kann man bei klarem Wetter bis zu den Alpen sehen.

Sonnenbühler Loipen

Mit insgesamt 68 km klassisch gespurten Loipen und 5 km Skatingspur kann Sonnenbühl manch einem Wintersportort in den Alpen Konkurrenz machen. Im Kern handelt es sich dabei um fünf Loipen: Bolberg-, Sonnenbühl-, Schwaben-, Täler- und Golfplatz-Loipe. Rein theoretisch lassen sich alle miteinander verbinden, am attraktivsten ist das bei Bolberg- und Sonnenbühl-Loipe (macht zusammen 24 km) oder Sonnenbühl- und Schwaben-Loipe (20 km).

Das Langlaufgebiet erstreckt sich entlang der Ortsteile Genkingen, Undingen, Willmandingen und Erpfingen. Obwohl sie nahe beieinander liegen, haben die Loipen völlig unterschiedliche Charaktere: Die Bolberg-Loipe (L5 = Markierungen der jeweiligen Loipe) führt in Teilstrecken geschützt durch den Wald entlang dem Albtrauf, die Sonnenbühl-Loipe (L6) ist die sonnigste, da sie vor allem über freies Feld führt, während Täler- (L8) und Golfplatz-Loipen (L9) als schneesicherste gelten dürfen. Die Schwaben-Loipe (L7), die verschiedenste Landschafts-

Es muss nicht immer Sonne sein: Nebel schafft in der Alblandschaft zauberhafte Lichteffekte.

Sonnenalb

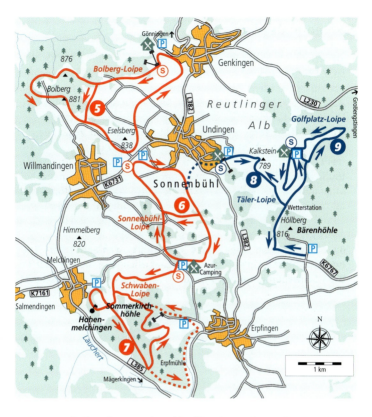

typen miteinander vereint, ist die einsamste und urtümlichste der Sonnenbühler Loipen. Schwierig zu laufen sind sie alle nicht, doch da sie mit Ausnahme von Täler- und Golfplatz-Loipe recht hügelig sind, können sie ziemlich flott werden, wenn die Spuren vereisen und schon etwas ausgefahren sind. Anfänger sollten dann im Zweifelsfall vor längeren Abfahrten abschnallen. Und Mutige können dann endlich mal zeigen, was in ihnen steckt.

Schneetelefon: 07128-92518
www.sonnenbuehl.de

Genkingen

5 Bolberg-Loipe

Spannende, in der Gesamtlänge durchaus anstrengende Tour, die gute Grundkenntnisse und etwas Kondition voraussetzt.

Streckenprofil

 14 km
Teilstr. 8 km

 2 bis 3 Stunden

 Höhenmeter
120 m

Karte: siehe S. 21

Anfahrt

Von Reutlingen entweder über Bronnweiler und Gönningen nach Genkingen, oder über die B 312 bis zum Traifelberg und über die Albhochfläche Genkingen ansteuern. Der schnellste Weg von Tübingen aus führt über Gomaringen und Gönningen.

Parkplätze gibt es in Genkingen beim Skilift: Dazu kurz nach dem Ortseingang aus Richtung Gönningen scharf rechts in Richtung Rossberg abbiegen. Bei großem Andrang sind Ersatzparkplätze ausgewiesen. Ein weiterer Einstieg findet sich an der L 382 zwischen Undingen und Willmandingen. Die an der K 6731 gelegenen Parkplätze sind gleichzeitig auch Ausgangspunkt für die Sonnenbühl-Loipe – ideal für alle, die die beiden Touren kombinieren wollen.

Loipenverlauf

Der klassische Einstieg erfolgt am Skilift Bolberg. Wer dort startet, den erwartet nach den ersten Metern einer nur leicht ansteigenden Spur ein kurzer, kräftiger Anstieg. Nach einer kleinen Rechtskurve ist Grätschen angesagt. Doch schon nach einem kurzen Stück wird die Steigung moderater und man läuft auf die Abfahrtspiste zu – das Signal, dass man den größten Teil des Anstiegs überstanden hat. Von nun an verläuft der Weg am Albtrauf entlang, bis kurze Zeit später die erste Abfahrt lockt: Sie bietet eine gute Entschädigung für die Mühen des Aufstiegs, enthält am Ende aber eine gemeine Abfolge kleiner Kurven, die überdies in ein Wäldchen einmünden. Wer sich mit der 8 km langen Teilstrecke begnügt, kann jetzt hier links abbiegen.

Für die längere Tour verläuft die Loipe nun am Albtrauf entlang, immer wieder gibt es Möglichkeiten, bis an die Kante heranzufahren. Die beste Aussicht gibt es vom Hartfelsen aus – der Blick reicht bis zu den Gönninger Seen, dem Rossberg und dem Wiesaztal.

Die Besteigung des Bolbergs per Loipe verläuft nun eher gemächlich und im Wald. Ist der Gipfel umrundet, erwartet uns eine längere, sanfte Abfahrt. Hier ändert sich nun die Landschaft: Orientierte sich bisher der Blick meist am Albtrauf, so geht es jetzt in Richtung Südosten – die Landschaft wird offener. Weiter unten passieren wir linker Hand einen Steinbruch und orientieren uns halb rechts, die Loipe, die von links einmündet, ist die Abkürzung aus der Teilstrecke. Wer hier abbiegt, läuft gegen die Laufrichtung, was spätestens bei der Rückkehr zum Bolberg-Lift Probleme bereitet.

Stattdessen führt die Loipe nun in Kehren um den Eselsberg herum – hier geht es teilweise kräftig und oft ohne Spur bergab. Unten angekommen, könnte man, wenn man die Straße überquert, die Sonnenbühl-Loipe anschließen. Doch wir halten uns links und gleiten noch knapp drei Kilometer zum Ausgangspunkt am Skilift Bolberg zurück.

Baumgruppen, Wäldchen und freie Sicht sind charakteristisch für die Bolberg-Loipe.

Unser Tipp

Langlaufen macht hungrig und durstig. Ein kleines Rucksackvesper kann für längere Touren deshalb nichts schaden.

Dem Langläufer in der Loipe wird zwar warm, das Vesper im Rucksack mit zunehmender Tourenlänge aber immer kälter. Ein warmer Tee braucht deshalb ein Thermoskannen-Mäntelchen, soll er nicht zu Eiskristallen werden. Glasflaschen scheiden wegen Verletzungsgefahr aus; aber auch Plastik- oder Alutrinkflaschen sind eher ungeeignet – vor allem in der Außentasche friert der Inhalt über kurz oder lang fest.

Auch mit Bananen, Äpfeln und Orangen kann man sich die Zähne verkühlen.

Müsli-Riegel und belegte Brote sind eine gute Alternative.

Und nicht vergessen: Zum Vespern den Reißverschluss an der Jacke zuziehen!

6 Sonnenbühl-Loipe

Alb pur in überwiegend freier Landschaft mit weiten Blicken sowie Berg- und Talfahrten. Herrlich sonnig, aber auch teuflisch windig.

Streckenprofil

 10 km
Teilstr. 4 km

 2,5 Stunden

 Höhenmeter 100 m

Karte: siehe S. 21

Anfahrt

Auch hier führen die meisten Wege über Gönningen und Genkingen nach Undingen. Parkplätze für Langläufer gibt es zum einen an der K 6731 zwischen Undingen und Willmandingen (Übergang zur Bolberg-Loipe möglich). Eine andere Möglichkeit ist der Zugang vom Rosen-Camping in Erpfingen aus. Dazu von Undingen auf der L 382 nach Erpfingen fahren und in der Ortsmitte nach rechts Richtung Campingplatz abbiegen. Dieser Einstieg eignet sich für alle, die die Schwaben-Loipe anschließen wollen.

Loipenverlauf

Die Sonnenbühl-Loipe ist die sonnigste der fünf Sonnenbühler Langlaufstrecken. Was umgekehrt auch bedeutet, dass sie diejenige ist, auf der an einem kalten Wintertag der Wind besonders beißt. Am beliebtesten ist der Einstieg beim Parkplatz an der K 6731 zwischen Undingen und Willmandingen. Mit Blickrichtung Undingen führt der Weg nun rechter Hand langsam den Berg hinauf. Nach kurzer Zeit passieren wir einen Hof, sobald wir noch etwas höher klettern winkt der erste Aussichtspunkt. Links unten im Tal sehen wir die Häuser von Undingen, geradeaus wartet die erste Abfahrt und im Hintergrund schweift der Blick in Richtung Bloßenberg.

Doch jetzt geht's erstmals bergab – gleich zum Einstieg erwartet uns eine der steileren Abfahrten dieser Loipe. Am Ende der Abfahrt lauert zudem noch eine kleine Rechts-

Sonnenalb

kurve. Nun geht es abwechselnd bergauf und bergab – falls die Spuren ein bisschen vereist sind, reichen die Abfahrten aus, um richtig Schwung zu bekommen. Was Spaß macht, aber insofern schade ist, weil gar keine Zeit bleibt, den Blick über die weite Alblandschaft streifen zu lassen, denn schon kurz nachdem wir das Einzugsgebiet der doch gut befahrenen Verbindungsstraße zwischen den Sonnenbühler Teilgemeinden verlassen haben, wird es ruhig und beschaulich. Richtung Südosten wechseln sich weite, schneebedeckte Wiesen mit kleinen Waldstücken ab

Wer nur mal schnell Luft schnappen wollte, kann nach der nächsten längeren Abfahrt links abbiegen und kommt so nach ungefähr 2 km wieder zum Ausgangspunkt zurück. Geradeaus geht es nach einem kleinen Anstieg mit leichtem Gefälle auf die nicht bewirtschaftete Wilhelm-Speidel-Hütte zu: Vor allem bei Sonnenschein eine gute Gelegenheit, den Rucksack zu erleichtern. In stetem Auf und Ab an einem kleinen Wäldchen entlang geht es nun in Richtung Azur-Camping. Wer ohne Vesper auf die Runde ging, kann dort bei Kaffee und Kuchen Pause machen – und sich dabei in Ruhe überlegen, ob er zwecks Verbrauch der soeben aufgenommenen Kalorien die 10 km der Schwaben-Loipe gleich anschließen will – Einstieg ist direkt nach dem Campingplatz.

Für alle anderen ist nun ungefähr die Halbzeit der Tour erreicht und der Weg geht Hügelchen auf, Hügelchen ab wieder Richtung Norden zum Ausgangspunkt.

Wer den Schneesturm scheut, sollte bei solchen Wolken ein bisschen Tempo machen.

Unser Tipp

Die Campingplatz-Kneipe „Rosenstüble" direkt am Parkplatz des Azur Rosen-Campings hat einen großen Vorteil: Bei guten Schneeverhältnissen kann man auf Skiern vorfahren. Und wenn nicht, hat man ohnehin sein Auto auf dem dazugehörigen Parkplatz abgestellt. Drinnen verlocken selbst gebackene Kuchen, Kaffee, Tee und eine kleine Vesperplatte.

7 Schwaben-Loipe

Ideal für Naturliebhaber, denen Schönheit über Tempo geht und die auch mit schlechteren Spurverhältnissen klarkommen.

Streckenprofil

 10 km   2 bis 3 Stunden   Höhenmeter 100 m

Karte: siehe S. 21

Anfahrt
Einstiege in die Schwaben-Loipe – und damit Parkplätze – gibt es zwei, die aber jeweils mit einer Zubringerloipe starten. Anfahrt aus dem Tal über Gönningen und Genkingen nach Undingen, dann im Ort links in Richtung Erpfingen abbiegen. In Erpfingen der Beschilderung Azur Rosen-Camping oder Wanderparkplatz Melchinger Tal/Sonnenmatte folgen.

Loipenverlauf
Blicke bis ins Voralb-Land, ein Grillplatz, Windmühlen, eine Burgruine und sogar eine veritable Höhle für einen kurzen Abstecher – die Schwaben-Loipe kann gut und gern als winterlicher Alblehrpfad durchgehen. Und man tut in jeder Beziehung gut daran, sie auch als solche zu sehen, denn die Tour wird von der Gemeinde als letzte gespurt – und wenn der Wind pfeift, können die Spuren schon mal verwehen. Doch anhand der Topografie, mehrerer Waldstücke, die Orientierung bieten, der fast allgegenwärtigen Windmühlen und einer ordentlichen Beschilderung besteht kaum Gefahr, vom rechten Weg abzukommen.

Wer am Campingplatz startet, folgt zunächst rund 100 m dem Verbindungsweg nach Willmandingen, bevor dann auf der linken Seite das Schild „Schwaben-Loipe 2 km" den Einstieg weist. Von nun an geht es sanft gewellt über die Alblandschaft. Rechts kommt in einiger Ferne ein Gehöft ins Blickfeld, in der Ferne sind die drei Windmühlen vom Windpark Himmelberg zu sehen. Langsam nähern wir uns einer Kuppe mit einer kleinen

Aussichtshütte – sie ist in jedem Fall den Aufstieg (und erst recht die Abfahrt) wert, denn von hier aus reicht der Blick zum einen ins Flachland, zum anderen bis zur Salmendinger Kapelle.

Kurz nach der Hütte macht die Loipe eine Linkskurve, um nach gut 100 Metern auf die eigentliche Schwaben-Loipe zu stoßen. Nun geht es zügig einen kleinen, nicht allzu steilen Buckel hinab bis zur Köbele-Hütte des Schwäbischen Albvereins. Sie ist zwar im Winter meist verschlossen, bietet aber eine Grillstelle – wer also trockenes Holz, Anzünder und Würste dabei hat, kann sich hier den Luxus eines Winter-Grillfestes leisten. Echte Sammler und Jäger machen anschließend einen Abstecher zur Sommerkirchhöhle. Sie liegt rund 200 m in Richtung Hirschental, aber nicht entlang der Loipe, sondern auf dem Weg, der nach links abzweigt.

Die Loipe steigt von der Hütte und dem Kinderspielplatz nun rechts

An den Windrädern auf dem Himmelberg kann sich der Langläufer prima orientieren.

Erpfingen

langsam bis auf die Höhe des Albtraufs. Nach rund 500 m ist die Ruine Hohenmelchingen erreicht. Obwohl schon vor gut 500 Jahren verlassen, lohnt die weiträumige Anlage einen kurzen Abstecher. Auf die Langläufer warten nun die schönsten Abfahrten der Loipe: Zunächst ein relativ steiles Stück zurück zur Köbele-Hütte, dann rechts ab eine lange, aber überwiegend sanfte Bergabfahrt bis hinab ins Tal der Lauchert. Von dort an gibt es mehrere Möglichkeiten:

Variante 1 nimmt die erste Loipe nach links, die bergan führt und sich zunächst durch den Wald erstreckt, dann durch freies Feld oberhalb der Jugendherberge verläuft und dann erneut durch den Wald bis zu der Kreuzung von Zubringer-Spur und Schwaben-Loipe führt. Von dort wieder nach rechts bis zum Ausgangspunkt Rosencamping fahren.

Variante 2 folgt den meist wilden Spuren im Lauchert-Tal und fährt entlang dem Waldrand bis zur Erpfmühle, am Kurgarten vorbei bis zum Parkplatz Gollenhalde. Von dort gibt es eine Verbindung zum Wanderparkplatz Melchinger Tal. Ab Ausgang Wanderparkplatz ist die Schwaben-Loipe beschildert. Sie führt zunächst das Tal entlang, lässt Sommer-Bobbahn und Skilift links liegen und führt relativ steil durch den Wald auf die Höhe. Auch hier gilt dann: An der Abzweigung oben auf dem Berg rechts halten und zurück zum Rosencamping fahren.

Wer eine etwas kürzere Tour fahren will, startet am Wanderparkplatz Melchinger Tal, folgt der Spur auf die Hochebene, hält sich oben links und fährt den Kringel bis zur Ruine Hohenmelchingen und der Köbele-Hütte. Dann das Hirschental hinunter fahren und sich unten an der Lauchert orientieren und über die Erpfmühle und den Kurgarten zurück zum Ausgangspunkt.

Unser Tipp

Sonnenbühls Gastronomie hat viel zu bieten: Apres-Ski im Landhotel Sonnenbühl mit Glühwein und Snacks, gediegene schwäbische Küche in Restaurants und Landgasthöfen oder Feinschmeckermenüs im Erpfinger „Hirsch". Wer es aber ganz rustikal liebt, der nimmt sich auf die Schwaben-Loipe die Zutaten für ein Wintergrillfest mit, denn bei der Köbele-Hütte befindet sich eine schöne Feuerstelle.
Also ein bisschen Papier und ein paar Rote einpacken, Spächele sowie ein oder zwei Scheite trockenes Holz und wasserfeste Streichhölzer. Ein Taschenmesser kann nicht schaden.

Genießer bleiben auch mal stehen. ▷

Sonnenalb

8 Täler-Loipe

Ebene, aber landschaftlich sehr reizvolle Loipe für Anfänger oder Genuss-Langläufer. Die Skating-Spur lockt auch Sportler.

Streckenprofil

 8 km   1,5 bis 2,5 Stunden   Höhenmeter 50 m

Karte: siehe S. 21

Anfahrt

Auch für die Täler-Loipe ist Undingen Ausgangsort. Parkplätze gibt es beim Skilift Undingen: Dazu in Richtung Erpfingen fahren und am Ortsende links abbiegen. Eine weniger stark frequentierte Alternative ist der Parkplatz Bärenhöhle. Er liegt an der K 6767, der Verbindung zwischen Erpfingen und der Haidkapelle bei Engstingen.

Loipenverlauf

Lang nicht mehr auf den Brettern gestanden? Oder einen Anfänger im Schlepptau? Dann ist die Täler-Loipe genau das Richtige. Als Doppelspur gezogen, verläuft sie völlig eben und durchzieht nacheinander das große Rinnental und das Höllental. Da sie in einem der kältesten Hochtäler Deutschlands liegt, ist sie eine der schneesichersten Loipen der ganzen Schwäbischen Alb – und aus diesem Grund auch eine der ersten, die gespurt wird.

Der Einstieg beim Skilift Undingen eignet sich vor allem für Eltern, die ihre Kinder „lifteln" schicken, während sie selbst eher Ruhe suchen, und für alle Langläufer, die nach getaner Arbeit an Ort und Stelle zünftig vespern wollen – dafür betreibt die Skizunft Undingen eine Skihütte. Sie ist Start und Ziel der Loipe.

Nach rund 1 km, direkt am Fuße des 789 m hohen Kalkstein, biegt die Loipe nach rechts ab. Wir haben jetzt das große Rinnental erreicht. Das Wäldchen, das die Loipe rechts mal näher und mal ferner begleitet, hält kalte Winde ab – manchmal gibt eine Lücke auch den Blick frei über weite Schneefelder. Wir bleiben in der Spur und erreichen

Sonnenalb

Die Täler-Loipe bietet einfache Strecken für Anfänger, aber auch eine Skating-Spur.

rund 2 km nach dem Start die Wetterstation im großen Rinnental – an der Tafel gibt's Kältegrade zum Frösteln. Hier ist nun der Ort der Entscheidung: Wer sich rechts hält, bleibt auf der original Täler-Loipe, wer links in Richtung Golfplatz abbiegt, begibt sich auf die Golfplatz-Loipe.

Die Täler-Loipe erstreckt sich nun weiter windgeschützt entlang einem Wäldchen durch das Höllental. Nach einer Linkskurve führt die Loipe ohne nennenswerte Steigungen oder Gefälle zum Wanderparkplatz Bärenhöhle, der gleichzeitig den Wendepunkt dieser Tour markiert. Der Rückweg führt über die gleiche Strecke zurück zum Ausgangspunkt.

Auch für Skater ist die Täler-Loipe übrigens eine Reise wert. Vom Skilift Undingen bis zum Parkplatz Bärenhöhle sind bei entsprechenden Schneeverhältnissen rund fünf Kilometer Weg parallel als Skating-Loipe gespurt.

Unser Tipp

Ein Gefühl wie in den Bergen vermittelt die Skihütte Undingen: Aus der warmen Stube den Abfahrern, Langläufern und Skatern zugucken und dabei einen Kaffee trinken ist eine prima Belohnung für die sportliche Betätigung. Dazu gibt es selbst gebackenen Kuchen, am Wochenende auch ein deftiges „Hütten-Vesper", Viertele und natürlich Glühwein.

9 Golfplatz-Loipe

Leichte, dabei abwechslungsreiche Tour in idyllischer, ruhiger Alblandschaft. Gut geschützt und damit auch bei Schneetreiben eine Alternative.

Streckenprofil

 5 km   1 bis 2 Stunden   Höhenmeter 70 m

Karte: siehe S. 21

Anfahrt
Von Undingen (siehe Täler-Loipe) führt die Straße vom Skilift aus noch rund zwei Kilometer geradeaus. Mehrfach weisen Schilder mit der Aufschrift „Golfplatz" den Weg, nach rund 1,5 km an der Gabelung rechts Richtung Clubhaus fahren. Dort befindet sich der Parkplatz.

Loipenverlauf
Die Golfplatz-Loipe, die als einzige nicht von der Gemeinde Sonnenbühl, sondern vom Betreiber des Golfplatzes gespurt wird, eignet sich als eigenständige Rundtour, aber auch als sehr reizvolle Ergänzung der Täler-Loipe.

Wer die Täler-Loipe um die Golfplatz-Tour ergänzen will, biegt an der Klimastation im großen Rinnental links ab. Der Weg zieht sich nun langsam am Golfplatz vorbei und das Gamstal entlang den Hang hinauf. Die Greens auf der linken Seite verstecken sich unter unberührten Schneefeldern, rechts sorgt der Wald für Windschutz, insgesamt wirkt alles sehr ruhig und romantisch. Ungefähr 2 km nach der Klimastation erreichen wir auf der Anhöhe eine Schleife, die gleichzeitig den Wendepunkt darstellt. Nun geht es zurück zunächst in Richtung des Golfplatz-Restaurants. Wer sich links hält, kann nun noch eine rund 2 km lange Schleife auf der Hochebene anhängen, die in großem Bogen zum Golfplatz-Restaurant zurückführt. Auch wenn Teile der Täler-Loipe immer wieder ins Blickfeld kommen: Es gibt keine direkte Verbindung nach unten, der Rückweg führt immer wieder über

Sonnenalb

Die Golfplatz-Loipe ist etwas für Romantiker.

Golfplatz-Restaurant und Gamstal zurück zur Klimastation.

Wer seine Runde ausschließlich auf der Golfplatz-Loipe absolvieren will, findet den besten Einstieg direkt beim Golfplatz. Dort gibt es oft auch noch Parkplätze, wenn die Stellflächen beim Skilift Undingen bereits voll sind. Vom Golfplatz-Restaurant bietet sich nun an, zunächst die linke Schleife zu fahren, die schöne Blicke ins Rinnen- und Gamstal eröffnet. Nach der Rückkehr zum Ausgangspunkt am Golfplatz kann man sich rechter Hand die Runde ins Gamstal vornehmen und sich langsam, genüsslich abwärts gleitend, der Klimastation annähern. Dort befindet sich der Wendepunkt der Tour – außer man hat Lust, auf der Loipe Richtung Bärenhöhle oder aber auch in Gegenrichtung mit Ziel Undingen noch etwas Kondition zu trainieren. Der Rückweg führt aber auf jeden Fall wieder über die Klimastation und das Gamstal, da es keine gesicherten Querverbindungen gibt.

Schneetelefon: 07128-92600

Unser Tipp

Wer an einem kalten Winternachmittag die Sonne glutrot über der Albhochfläche untergehen sehen möchte, sollte seine Tour so legen, dass er zur blauen Stunde beim Golfplatz-Restaurant Station macht. Dort gibt's Kaffee, Kuchen, Glühwein, Tee – und eben eine fantastische Aussicht. Wer mittags einkehrt, kann mit einem Tagesessen oder einer Auswahl mehrerer Gerichte rechnen.

⑩ Kohltal-Loipe

Ideale Allwetter-Loipe sowohl für Anfänger als auch für sportlich motivierte Läufer.

Streckenprofil

 8 km   1,5 Stunden   Höhenmeter 230 m

Anfahrt
Aus Richtung Reutlingen führt der Weg über Pfullingen und Lichtenstein nach Kleinengstingen. Aus Richtung Tübingen bietet sich theoretisch auch die Anfahrt über Gomaringen, Gönningen, Genkingen zum Traifelberg und dann weiter nach Kleinengstingen. Es gibt zwei Einstiegspunkte in die zweispurige Loipe: Den Parkplatz an der B 312, auf der Anhöhe kurz nach dem Ortsausgang Kleinengstingen Richtung Bernloch, und den eigentlichen Startpunkt im Kohltal am Skilift des TSV Kleinengstingen.

Loipenverlauf
Die Engstinger Loipe ist mit einer Länge von knapp acht Kilometern und der Möglichkeit, den schwersten und längsten Anstieg auch auszulassen, eine ideale Loipe für jede Altersklasse und Laufstärke. Landschaftlich schön gelegen, bietet sie nicht nur bei Sonnenschein herrliche Ausblicke, die für die Anstrengungen leicht entschädigen. Die Skiabteilung des TSV Kleinengstingen legt größten Wert darauf, die Spuren bestens in Schuss zu halten. Dazu gehört auch die Ausschilderung der Loipe. Mit professionellem Gerät wird oft noch in der Nacht gespurt, damit Loipen-Freaks schon am Morgen erneut optimale Bedingungen vorfinden. Die Loipe ist für den klassischen Stil präpariert. Wir beginnen unsere Tour am Skilift des TSV. Sanft durchs Kohltal Richtung Aschwang ansteigend, können wir uns warm laufen. Der erste kurze Anstieg, den die Geübten ohne Grätschschritt bewältigen, führt kurz durch den Wald, ehe wir die weite Lichtung des Aschwang erreichen, die je nach Lichteinstrahlung und

Wetter die vielfältigsten Ausblicke bietet. Eben geht es nach diesen ersten rund 1,5 km in Richtung Bernloch. Eine kurze und problemlose Abfahrt und der nachfolgende leichte Anstieg bringen den Puls wieder hoch. Immer am Waldrand der Lichtung entlang gleiten wir am zweiten Jägerstand vorbei Richtung B 312. Etwa 200 m nach dem Jägerstand knickt die Loipe nach rechts ab über die Lichtung und dann in leichten, knackigen Anstiegen erneut in Richtung der B 312. Ein kurzes Stück führt die Spur entlang der Bundesstraße. Wir nutzen die Gelegenheit, Kräfte für den härtesten Anstieg der Kleinengstinger Loipe zu sammeln.

Die Kohltal-Loipe ist eine ideale Loipe für alle Altersklassen und Laufstärken.

Wir kreuzen den Weg, der zum Sportplatz und Sportheim des TSV Kleinengstingen hinaufführt, das auch unser nächstes Ziel ist. Hier befindet sich der Parkplatz an der B 312, der sich als zweite gute Einstiegsmöglichkeit in die Loipe anbietet – und an dieser Stelle muss sich der weniger geübte Langläufer entscheiden: Will er den Schweiß treibenden Anstieg in Angriff nehmen? Vor allem aber: Bin ich schon so weit, dass ich die nachfolgende 600 m lange Abfahrt ins Tal wage? Doch keine Angst, heruntergekommen ist bislang jeder. Wer sich das dennoch nicht zutraut oder wer schon genug hat, kann die einfachere Variante halb rechts wählen und sanft nach unten ins Kohltal und zum Ausgangspunkt der Loipe hinuntergleiten. Diese Abkürzung ist aber nur dann gespurt, wenn wirklich viel Schnee liegt. Ansonsten verhindern die Ackerschollen eine gemütliche Abfahrt und es wird ziemlich ruppig. Wir lassen uns aber nicht lumpen und nehmen nach einem Rechtsbogen den ca. 400 m langen, relativ steilen Anstieg hinauf zu den Willy-Werner-Sportanlagen in Angriff. Nicht wenige unterschätzen den Anstieg. Wer ihn zu schnell angeht, dem geht im oberen Drittel die Puste aus. Aber man muss es ja auch nicht immer so eilig haben. Genießen Sie es, wenn Ihnen die winterliche Sonne den Rücken während des Anstiegs wärmt. Dann geht's weiter. Die Lichtung und der Trainingsplatz des TSV werden umrundet. Der Puls beginnt sich wieder zu beruhigen. Am Sportheim vorbei genießen wir bei gutem Wetter den weiten Blick bis zu den Windrädern bei Melchingen. Rechts abbiegend nähern wir uns nun in kleinen Schlenkern der Abfahrt zurück ins Kohltal. Rechtzeitig warnt ein Schild nochmals vor der Abfahrt, die im Nordhangbereich liegt. Doch keine Angst, Stürze sind selten, und wer sich nicht so recht traut, fährt eben nur mit einem Ski in der Spur und mit dem anderen parallel dazu im ungespurten Bereich, um etwas Fahrt herauszunehmen. Tückisch kann es am Ende der Abfahrt werden, wenn die Loipe eine Wende von rund 140 Grad macht. Wer zu schnell ist, sollte die Kurve im Stemmbogen nehmen. Sind diese „Klippen umschifft", wird der Langläufer durch eine weitere, etwa 600 m lange und leicht bergab führende Strecke zurück zum Ausgangspunkt am TSV-Skilift entschädigt.

Schneetelefon: 0152-03793465

Unser Tipp

Als Faustregel kann gelten: Wenn der Skilift in Betrieb ist, dann ist in aller Regel auch die Skihütte bewirtet. Die Hütte liegt, vom Lift aus gesehen, rechts zwischen den Bäumen versteckt. Dort trifft man sich mit Gleichgesinnten. An den Wochenenden gibt es dort neben dem klassischen Glühwein andere alkoholische, aber auch nichtalkoholische Getränke wie Kinderpunsch. Außerdem werden Kuchen, Wurstwecken, heiße Saiten oder – wenn Skikurse sind – Maultaschen oder andere leckere Sachen angeboten.

Am Berg zeigt sich der wahre Könner. ▷

Hohensteiner Loipen

Hohenstein hat in den Teilgemeinden Meidelstetten und Ödenwaldstetten zwei Loipen mit zusammen knapp 20 km Länge. Die eher romantische Dachenstein-Loipe führt entlang klassischer Wacholderheiden-Landschaft, während die Ödenwaldstetter Loipe sich über die karge, weite, menschenleere Hochebene zieht. Wer hier entlang gleitet, vergisst den Alltag.

Ödenwaldstetter Loipe

Eine technisch recht einfache Loipe – mit Ausnahme der Abfahrt ins Bocktal. Ideal für sonnige Tage, aber sehr ungeschützt.

Streckenprofil

 14 km
Teilstr. 8 km

 3 Stunden

 Höhenmeter
100 m

Anfahrt
Aus Richtung Tübingen–Reutlingen am einfachsten über die B 312 bis Bernloch und dort nach Ödenwaldstetten abbiegen. In Ödenwaldstetten der Ausschilderung zum Bauernhausmuseum folgen. Dort befinden sich Parkplätze.

Loipenverlauf
Das schmucke Bauernhausmuseum liegt am Ortsrand von Ödenwaldstetten und ist Ausgangs- und Endpunkt der Ödenwaldstetter Loipe. Die Spur, die auf 730 bis 800 Meter verläuft, führt in zwei Teilstücken in einem großen Bogen um den Ort. Wer sich mit einer kleineren Runde begnügt, dem sei das rund 8 km lange Südstück, die so genannte Geißberg-Loipe, empfohlen. Sie führt vom Bauernhausmuseum in südöstlicher Richtung nach links langsam bergan, überquert nach rund 1 km einen Wirtschaftsweg und führt in langsamem Auf und Ab bis auf eine weite Hochebene. Vorsicht: Die Loipe überquert mehrfach Sträßchen und Wege, die je nach Schneelage holprig

oder schlimmstenfalls sogar ganz schneefrei sein können. Auch Autos könnten den Weg des Langläufers kreuzen – also Pflug fahren!

Die Loipe zieht sich in einem großen Bogen sanft weiter in die Höhe und macht nach einiger Zeit eine Linkskurve, die für völlig neue Aussichten sorgt. Links reicht der Blick jetzt bis ins Tal in Richtung Reutlingen. Es ist weit, ruhig, einsam – und manchmal ziemlich zugig. Da die Doppelspur-Loipe nur nach frischem Schneefall gespurt wird, kann es passieren, dass sie hier oben vom Winde verweht ist. In diesem Fall sich grob in Richtung Norden und später an der Verbindungsstraße zwischen Ödenwaldstetten und Eglingen orientieren.

Nach einer weiteren Linkskurve geht es langsam bergab, bis die Loipe ein Stück parallel zur Straße verläuft, die Ödenwaldstetten mit

Das Bauernhausmuseum in Ödenwaldstetten lädt zum Besuch ein.

Eglingen verbindet. Die dann folgende Abfahrt lässt sich gemächlich an. Bei hartem Schnee gewinnt man aber rasch an Fahrt, was unten, wo die Loipe mit einer kleinen S-Kurve zwischen einer Baumgruppe bis direkt an die Straße geführt wird, gute Koordination verlangt. Am Ende der Abfahrt kann man die Straße überqueren und die Nordrunde anschließen, die weitere 6 km umfasst. Wer sich mit dem Südteil begnügt, orientiert sich jetzt wieder links, erklimmt mit ein paar Grätschschritten einen kleinen Hügel, um bald wieder in Sichtweite des Ausgangspunkts zu kommen. Nach dem Überqueren des Wirtschaftswegs hält man sich entweder rechts und gelangt so nach rund 800 m wieder zum Parkplatz am Bauernhausmuseum zurück. Wer noch Lust auf eine kleine Abfahrt hat, fährt zunächst

Hohenstein-Ödenwaldstetten

geradeaus, folgt der Spur, die sich leicht bergauf zieht, und fährt zum Schluss im Pflug den Berg hinab, direkt aufs Bauernhausmuseum zu. Die Nordroute verläuft im Gegensatz zur Südroute über größere Teile der Strecke im Wald. Nach dem Einstieg an der Straße zwischen Ödenwaldstetten und Eglingen (rund 500 m in Richtung Eglingen befinden sich ein Parkplatz und eine Grillstelle) geht es rechts in der Nähe des Kindernaturschutzgebiets zunächst sanft, dann durchaus steil abwärts ins Bocktal. Wer sich auf der Abfahrt im Wald eher unsicher fühlt, sollte hier für rund 200 m lieber abschnallen. Nach der Abfahrt, die bis auf 704 m, dem tiefsten Punkt der Loipe, führt, geht es dann wieder leicht bergan, bis die Loipe wieder das freie Feld, das Gewann Mettendorf, erreicht. Wer sich nun links hält, könnte die Tour abkürzen und nach einem kurzen Anstieg wieder zum Ausgangspunkt zurückkehren. Wer rechts fährt, umrundet die Hochebene – die Sicht wird durch Baumgruppen begrenzt, was aber Schutz vor dem Wind bietet. Nun führt die Loipe ein Stück nach Südwesten, überquert die K 6735 von Ödenwaldstetten nach Marbach und führt in einem Bogen bis fast zum Ausgangspunkt zurück. An der Kreuzung statt in Richtung Bocktal nun rechts abbiegen. Nach einem kurzen Stück erreicht man so die Südroute. Hält man sich nun rechts, kommt man zurück zum Bauernhausmuseum.

Schneetelefon: 07387-98700
während der Geschäftszeiten des Rathauses

Unser Tipp

Hausbrauereien gibt es einige auf der Schwäbischen Alb. Der „Brauerei-Gasthof Lamm" mit „Speidels Brauerei'le" im Ortszentrum von Ödenwaldstetten nimmt aber für sich in Anspruch, die kleinste Hausbrauerei Deutschlands zu sein. Der Gasthof, in dem das frische, naturtrübe Bier ausgeschenkt wird, lohnt den „Einkehrschwung". Nicht nur wegen des Gerstensafts, auch die Speisekarte kann sich sehen lassen: Ob Speidel-Biersuppe mit Speckknödel, Lammkeule auf schwäbischem Ratatouille oder Speidels halber Hahn – alles gute Gelegenheiten, die Kalorienbilanz wieder ins Plus zu bringen.

Wenn der Raureif die Landschaft wie mit Zucker überpudert, wird die Alb zum Wintermärchen. ▷

⑫ Dachenstein-Loipe

Eine kleine, aber feine Tour, die viel Landschaftserlebnisse und Ruhe bietet. In weiten Teilen windgeschützt und damit auch an ungemütlicheren Tagen gut zu fahren.

Streckenprofil

 5,5 km   1 Stunde   Höhenmeter 40 m

Anfahrt
Aus Richtung Tübingen–Reutlingen über die B 312 nach Großengstingen. Dort auf die B 313 abbiegen und entweder noch in Großengstingen oder bei der Haidkapelle nach links in Richtung Meidelstetten abbiegen. Kurz vor dem Ortseingang Meidelstetten befindet sich auf der linken Seite ein Parkplatz.

Loipenverlauf
Die Dachenstein-Loipe bietet Schwäbische Alb im Schnelldurchlauf: Wacholderheide, kleine Dolinen, bewaldete Berge und weite Sicht. Und dies alles in unberührter Landschaft und einem gemütlichen, technisch einfachen, aber sehr abwechslungsreichen Loipenverlauf.

Am Parkplatz ist jenseits des schmalen Sträßchens die Loipe sofort sichtbar. Gegen den Uhrzeigersinn gefahren, zieht sich die Spur nun sanft bergab, bleibt immer in Sichtweite der Straße.

Nachdem wir einen Weg überquert haben, wendet sich die Loipe bald von der Straße ab. Von nun an folgt die Spur die nächsten Kilometer fast ausschließlich dem Rand der vielen kleinen Wäldchen, die diesen Teil der Alb bedecken. Nach einem kurzen – moderaten – Auf und Ab geht es links bergauf, Orientierung bietet ein Hochsitz am rechten Waldrand. Von dort aus kommen schon bald die Häuser des Weilers Hohensteig ins Blickfeld, rechter Hand liegt der Dachenstein, der der Tour ihren Namen gab.

Wir halten uns immer rechts, überqueren den Rundwanderweg und folgen der Spur entlang der Bergkette, am Ameisenberg vorbei in Richtung Dachenstein. Kurz vor dem Dachenstein wartet dann die einzige kleine Mutprobe auf der Tour: Eine kurze, aber etwas steilere Abfahrt, die aber durch den langen Auslauf entschärft wird.

Am Dachenstein führt die Loipe schließlich wieder am Waldrand entlang – da der Berg einen markanten Aussichtsturm auf einem Felsen besitzt, lohnt es sich, einen kleinen Abstecher einzuplanen. Das allerdings geht nur zu Fuß, ist aber sehr empfehlenswert, da sich das Albpanorama über Meidelstetten bis nach Bernloch und in Richtung Südosten bis an den Ortsrand von Ödenwaldstetten erstreckt. Am Ende des Bergs folgt wieder eine kleine Abfahrt, rechts kommt die Pferdeschule Wolf ins Blickfeld. Die Loipe führt nun direkt auf den Ort zu. Hinter dem Jugendtreff geht es links weiter, eine dezente Abfahrt führt wieder zum Ausgangspunkt am Parkplatz zurück.

Schneetelefon:
07387-98700
während der Geschäftszeiten des Rathauses

Die Dachenstein-Loipe lässt Langläufer an Wacholderheiden entlanggleiten.

Unser Tipp

Sein Ruf ist legendär und bekannt ist der „Adler" in Meidelstetten bis weit ins Albvorland. Als Musikkneipe mit echt alternativem Anspruch im Stil der 70er-Jahre. Die Speisekarte spiegelt die Urlaubssehnsüchte von „damals" wider: Baguette mit Schinken und Käse, Pfannkuchen mit Schafskäse, aber auch Bodenständiges wie panierte Schnitzel. So richtig Chancen auf Kaffee und Kuchen gibt es nur am Sonntag, denn von Dienstag bis Samstag öffnet der Adler erst um 17.30 Uhr. Aber wer weiß – vielleicht gibt's stattdessen abends Blues, Rock und mehr zum Nachtisch.

13 Böttental-Loipe

Die Loipe führt durch eine wunderschöne, oft unberührte Alblandschaft. Einige Abfahrten und steile Anstiege verlangen etwas Langlauferfahrung.

Streckenprofil

 ca. 12 km   2,5 bis 3 Stunden   Höhenmeter 140 m

Anfahrt

Man erreicht den Ort Mehrstetten – übrigens die kleinste Gemeinde im Landkreis Reutlingen – von Reutlingen her kommend am besten über die Albaufstiege „Honauer Steige" oder „Holzelfinger Steige". Auf der Albhochfläche verlässt man die B 312, die über die „Honauer Steige" hinauf führt, an der Kreuzung mit der L 230 und gelangt auf dieser nach Münsingen. Nach der „Holzelfinger Steige" fährt man durch Holzelfingen durch und weiter bis zur Kreuzung mit der L 230. In Münsingen und durch die Stadt hindurch folgt man der B 465, die von Bad Urach herauf kommt. Die B 465 geht in Richtung Ehingen/Donau. Nach dem kleinen Weiler Oberheutal folgt bald der Bahnhof Mehrstetten. Dort biegt man nach links von der B 465 ab und ist nach wenigen Kilometern in Mehrstetten. Den Schildern „Sportplatz" folgen und bald ist der dortige Parkplatz als Ausgangspunkt für die Langlauftour erreicht.

Loipenverlauf

Bevor der Langläufer am Sportheim die Ski anschnallt, sollte er sich mit Dehnübungen und Gymnastik gut aufwärmen. Dies gilt nicht nur vor dem Start in die Böttental-Loipe, sondern generell, bevor es in die Loipe geht. Doch bei der Böttental-Loipe kommt sofort nach dem Start eine nicht ganz einfache Abfahrt. Ohne vorgedehnte und aufgewärmte Muskulatur in eine solche „Talfahrt" zu gehen, empfiehlt sich keinesfalls.

In flotter Abfahrt nähert man sich dem Grund des Böttentals. Der Abschnitt vor dem Skilift, der

Münsinger Alb

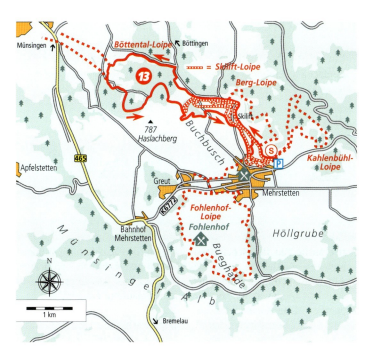

ein Stück durch den Wald führt, ist – vor allem wenn dort der Untergrund etwas hart oder gar vereist ist – recht tückisch. Wer sich nicht ganz sicher fühlt und auf den Skiern keinen guten Stand hat, sollte da für ein paar Meter besser abschnallen.

Die recht ausgedehnte Abfahrt führt in mehreren Abschnitten, die nur von einigen wenigen flacheren Passagen unterbrochen sind, hinunter ins Böttental und ist erst zu Ende, wenn der Mehrstetter Skilift in Sicht kommt. Die Loipe schlängelt sich weiter durchs enge Tal, ein Naturschutzgebiet. Immer wieder wechseln leichte Anstiege mit kleineren Abfahrten. Bald ist Abschnallen angesagt, denn es gilt, die Straße zwischen Mehrstetten und Böttingen zu überqueren.

Aus dem Talgrund wendet sich die Loipe schließlich in nordwestliche Richtung und rasch befindet sich der Langläufer in einem lang gezogenen Anstieg. Bisweilen hat es den Anschein, als wolle der kein

Technisch einfache Abschnitte erlauben das Einüben der Abfahrtshocke.

Ende nehmen, doch wenn auf einer Kuppe gegenüber Windräder zu sehen sind, ist es beinahe geschafft. Die Spur läuft weiter mal etwas bergauf, dann wieder bergab – technisch einfache Abfahrten laden dazu ein, den Skiern freien Lauf zu lassen und die Abfahrtshocke zu üben.

Auf leicht abfallender Passage geht es durch ein Waldstück. Wieder in freier Landschaft nähert sich der Langläufer Mehrstetten in mehreren Schleifen, die am Waldrand entlangführen. Die ersten Häuser kommen in Sicht und wenn man linker Hand das Sportgelände sieht, sind es bis zum Ausgangspunkt der Tour noch ungefähr 400 m.

Es sei noch erwähnt, dass die Böttental-Loipe bestens präpariert und absolut „narrensicher" ausgeschildert war – beschilderte Loipen sind auf der Schwäbischen Alb noch längst keine Selbstverständlichkeit.

Nach der langen Abfahrt auf der Böttental-Loipe hinunter zum Skilift hat man bald Anschluss an die Loipe „Berg". Auch eine Verbindung hinüber zur Loipe von Münsingen-Auingen ist vorhanden – nach dem langen Aufstieg, wenn die Windräder in Sichtweite des Langläufers rücken, heißt es nach einigen Metern „rechts ab".

Schneetelefon: 07381-93780

Unser Tipp

Alle drei Gasthöfe in Mehrstetten, der „Hirsch im Grünen", das „Lamm" und der „Fohlenhof" eignen sich für Langläufer bestens als gastronomisches Ziel, liegen sie doch kaum 200 m von der jeweiligen Loipe entfernt. In allen drei Gaststätten erwartet den hungrigen Ausdauersportler gutbürgerlich-schwäbische Küche.

Knackige Anstiege erfordern guten Kanteneinsatz beim Schlittschuhschritt. ▷

Erkenbrechtsweiler

14 Berghau-Loipe

An schönen Wintertagen erwartet Sie eine Loipe, die größtenteils voll in der Sonne liegt. Gespurt wird die Loipe von den Alb-Rangern des Naturschutzzentrums in Schopfloch.

Streckenprofil

 ca. 8 km   1,5 bis 2 Stunden   Höhenmeter 25 m

Anfahrt

Offizieller Ausgangspunkt ist die Gemeindehalle in Erkenbrechtsweiler, die seitab der Straße von Erkenbrechtsweiler nach Hochwang liegt. Ab dort ist die Loipe schon ausgeschildert. Weitere Einstiegsmöglichkeiten gibt es aber auch entlang der Straße zwischen Erkenbrechtsweiler und der Einmündung in die Straße zwischen Hülben und Grabenstetten (Landstraße 250) unweit des Gasthofs „Burrenhof".

Der Ausgangspunkt für eine Tour auf der Berghau-Loipe kann aber auch am Wäldchen westlich des Segelfluggeländes an der Kreisstraße 6759 liegen.

Kommt man aus dem „Unterland", bietet sich als Aufstieg auf die Alb einmal die Beurener Steige an, die man zum Beispiel aus Richtung Nürtingen via Tiefenbachtal ansteuert. Oder man fährt durchs Neuffener Tal und gelangt auf der Neuffener Steige auf die Albhochfläche.

Wer aus dem Raum Reutlingen/Metzingen kommt, wird zweckmäßigerweise die B 28 nach Bad Urach nehmen und dann nach Hülben hoch und weiter in Richtung Grabenstetten fahren.

Loipenverlauf

Uns gefällt als Einstieg der Wanderparkplatz am westlichen Ende des Grabenstetter Segelfluggeländes am besten. Von dort geht's nämlich ganz leicht abfallend und ansonsten eben in nördliche Richtung hinüber zum Waldrand. Dort biegen wir nach rechts ab und laufen ostwärts immer am Waldsaum entlang. Nach knapp 2 km biegt die Berghau-Loipe scharf nach links in den Wald ab. Wer dort geradeaus weiterläuft, der ist bereits auf der Grabenstetter Loipe unterwegs, die in leichten Kurven, die dem Waldrand folgen, immer nach Osten verläuft, um dann in einem weiten Bogen Richtung Süden zum Ort Grabenstetten abzubiegen.

Wir nehmen die Waldpassage in Angriff, auf der es sich, liegt ausreichend Schnee, wunderbar gleiten lässt. Nach ein paar hundert Metern wird es wieder lichter, wir kommen aus dem Wald heraus und sehen den Ort Hochwang liegen. Dort gibt's aber noch keinen „Einkehrschwung": Wir wenden uns vielmehr nach links und damit westwärts.

Die Loipe führt jetzt auf der nördlichen Seite der Berghau genannten bewaldeten Erhebung zwischen Grabenstetten und Erkenbrechtsweiler weiter. Am westlichen Ende des

Impressionen einer Langlauftour: Wenn die Sonne Fetzen in die Wolken reißt.

Erkenbrechtsweiler

Am Einstieg zur Berghau-Loipe: Benimm-Regeln in der Loipe farbig auf weiß.

Waldes geht es allmählich leicht bergan, bis dann ein kurzer, etwas steilerer Anstieg folgt, der aber keine nennenswerte Schwierigkeit darstellt. Oben angekommen, geht es mal etwas runter, mal wieder etwas rauf, bevor dann eine ungefähr 300 m lange Abfahrt wartet, die einen wieder auf die südliche Seite des Berghaus bringt. Dort hält sich der Langläufer nach links in Richtung Osten und erreicht schon bald die Rechtsabbiegespur, die ihn wieder zum Ausgangspunkt beim Segelfluggelände zurückbringt.

Die besagte kleine Abfahrt eignet sich im Übrigen gerade für Anfänger sehr gut, um ein wenig das Abfahren zu üben, dabei ein Gefühl für den etwas schneller dahingleitenden Langlaufski zu entwickeln und vielleicht auch schon mal die Abfahrtshocke auszuprobieren.

Schneetelefon: 07026-9501228

Unser Tipp

Wer die Berghau-Loipe und evtl. noch einen Teil der Grabenstetter Loipe unter die schmalen Bretter genommen hat, dem ist vielleicht nach einem „Einkehrschwung". Da ist der „Burrenhof" genau die richtige Adresse. Dieser Landgasthof liegt in freier Lage an der Kreisstraße 6759 zwischen Hülben und Grabenstetten, direkt an der Abzweigung der Kreisstraße 1262 in Richtung Erkenbrechtsweiler. In unmittelbarer Nachbarschaft finden sich Grabhügel, sogenannte „Burren", aus keltischer Zeit. Auch der berühmte Heidengraben, Überreste des berühmten Keltenwalls, ist ganz in der Nähe.

Langläufers Wintermärchen: Bei Albsonne allein in der Spur. ▷

Gomadingen

15 Sternberg-Loipe

Eine durchaus anspruchsvolle Loipe, die etliche Anstiege und eine tolle Schlussabfahrt bietet.

Streckenprofil

 8,5 km
Teilstr. 7 km

 3
Stunden

 Höhenmeter
100 m

Anfahrt

Das Gomadinger Loipennetz umfasst neben der Sternberg-Loipe auch noch die ebenfalls im Sternberggebiet angelegte Holzwiesen-Loipe (5 km, leicht) und die Jörgenbühl-Loipe (ca. 5 km, mittelschwer; Ausgangspunkt ist der Parkplatz beim Sportplatz in Dapfen). Die Loipen sind durch einen Skiwanderweg miteinander verbunden. Aus dem Raum Reutlingen nimmt man am besten die B 312 in Richtung Pfullingen, lässt die Stadt bei der Fahrt durch den neuen Ursulaberg-Tunnel rechts liegen und fährt weiter bis Lichtenstein-Unterhausen. Mitten im Ort geht es links ab nach Lichtenstein-Holzelfingen. Über den Albaufstieg, die Holzelfinger Steige, ist der kleine Ort nach knapp zehn Minuten erreicht. Man fährt durch Holzelfingen hindurch und bleibt so lange auf der Straße, bis zu einer Kreuzung, an der die L 230 nach links in Richtung Münsingen abbiegt. Auf dieser Landesstraße ist nach ungefähr zwanzig Minuten Gomadingen erreicht. In Gomadingen folgt man den Wegweisern in Richtung Sportanlagen, Hallenbad und Feriendorf und erreicht so den Parkplatz beim Sportheim sowie, etwas unterhalb gelegen, den Parkplatz beim Sternberg-Hallenbad – beides ideale Ausgangspunkte, die direkt an der Sternberg-Loipe liegen.

Loipenverlauf

Gleich am Parkplatz geht die Loipe los, über deren genauen Verlauf ein Hinweisschild informiert, das auf den ersten 50 m am Loipenrand steht. Es geht nach einer kurzen offenen Passage leicht ansteigend zum Waldrand hoch, auf einer Kuppe geht's gleich in eine erste kleine

Münsinger Alb

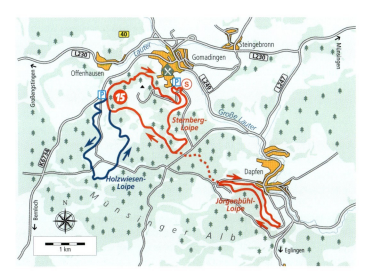

Abfahrt über. Die Loipe steigt dann ganz allmählich wieder an.

Nach ca. 400 m ist ein kleines Plateau erreicht. Die Loipe verläuft jetzt nach rechts in den Wald; es geht ziemlich bergauf. Da heißt es den Rhythmus finden, kleine Diagonalschritte zu machen und den Armeinsatz nicht zu vernachlässigen. Kommt man aus dem Wald heraus, biegt die Loipe scharf nach links. Die Aufstiegsmühen werden durch eine schöne Abfahrt belohnt, auf der man es richtig laufen lassen kann. Warum also nicht ein wenig die Abfahrtshocke üben?

Die Spur führt dann am Wald entlang, weiter ein kurzes Stück durch den Wald und erreicht eine kleine Lichtung, an deren Rand auf einem verwitterten Holzschild die Angabe „Offenhausen über Sternberg" zu lesen ist. Am Schild vorbei geht es rechts den Wald ein gutes Stück hoch.

Plötzlich hören wir lautes Motorengeräusch. Als wir um ein Waldeck biegen, wissen wir, woher es stammt: Gerade verschwindet ein Pistenbully zwischen den Bäumen, und vor uns liegt eine ganz frisch gespurte Langlaufloipe. Wenn das kein Service ist!

Nach stetig durch den Wald ansteigendem Abschnitt und anschließender leichter Abfahrt aus dem Wald heraus und am Wald entlang sehen wir das Pistengerät linker

Hand vor einer Scheune parken. Der „Bullyfahrer" schickt sich an, Feierabend zu machen. Da wollen wir uns doch noch schnell für die frisch gespurte Spur bedanken und kommen so mit Siegfried Schiller ins Gespräch. Seit 35 Jahren ist der 57-Jährige bei der Gemeinde Gomadingen beschäftigt. In seiner Freizeit und völlig unentgeltlich hält der gelernte Forstwirt das Gomadinger Loipennetz in Schuss. Gegenüber der „Bully-Scheune" liegt am Waldrand eine schöne Grillstelle.

Ein kleines, doch wärmendes Winterfeuerchen war schnell entfacht, hatten wir doch dank guter Ortskenntnis in unseren Rucksäcken vorsorglich etwas Brennholz und ein paar „Spächele" zum Anzünden mitgenommen. Und natürlich auch an ein Vesper gedacht. Einer kleinen „Jause" im tief verschneiten Winterwald stand nichts im Wege.

Die Loipe wendet sich von dort nach rechts, läuft durch ein kleines Waldstück und zieht sich dann am Waldrand entlang. Allmählich geht es bergab, bis die Straße Gomadingen–Bernloch in Sicht kommt. Der dortige Parkplatz eignet sich ebenfalls, um in die Sternberg-Loipe einzusteigen. Es geht wieder etwas bergauf, bevor sich die Loipe durch den Wald ziemlich eben in Richtung Gomadingen schlängelt. Kommt man aus dem Wald heraus, hat man einen prächtigen Weitblick über die Höhen und Kuppen der Alb. Die Schlussabfahrt liegt bald vor einem. Der Könner kann es sausen lassen, denn gegen Ende kommen ein paar weite Kehren, in denen man die Geschwindigkeit wieder herausnehmen kann. Wer's nicht so rasant mag, der nimmt die Abfahrt am besten in der Pflugtechnik in Angriff, um es vielleicht erst dann ein bisschen laufen zu lassen, wenn der Ausgangspunkt, der Parkplatz beim Sportheim, schon in Sichtweite ist.

Schneetelefon: 07385-969633

Unser Tipp

Nach dem Wintersport bietet sich zum Relaxen ein Abstecher ins nahe gelegene Sternberg-Hallenbad geradezu an. Das Bad verfügt auch über eine Sauna. Info-Telefon: 07385 526.
Nach Sport und Wellness lohnt ein Abstecher in den Gasthof „Zum Lamm". Auf der Speisekarte steht zum Beispiel eine Lammroulade vom Auinger Weidelamm in Thymiansauce, buntem Gemüse und Spätzle; mit einem „Gaisburger Marsch" findet sich ein echter schwäbischer Klassiker. Auch für Vegetarier ist einiges im Angebot.

Seitab der Sternberg-Loipe brennt an einer Grillstelle das Winterfeuer. Bald gibt's eine herzhafte „Jause". ▷

Münsinger Alb

16 Grabenstetter Loipe

Eine sehr ansprechende Loipe, die auf ihren Abschnitten am Albtrauf entlang immer wieder schöne Aussichten ins „Unterland" bietet.

Streckenprofil

 22 km   3,5 bis 4,5 Stunden   Höhenmeter 35 m

Anfahrt

Als Einstiegsmöglichkeit bietet sich Grabenstetten selbst an. Kommt man von Nordwesten her auf der Kreisstraße 6759 nach Grabenstetten hinein, so fährt man auf der Ortsdurchfahrt weiter, bis diese eine scharfe Rechtskurve macht. Dort mündet von links auch die Landstraße ein, die vom Lenninger

Eine strahlende Wintersonne modelliert Skilangläufer als Schattenrisse.

Uracher Alb

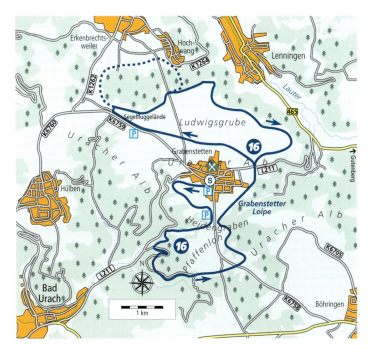

Tal auf die Alb nach Grabenstetten führt. Man folgt der Rechtskurve und biegt kaum hundert Meter später nach rechts zum Rathaus und zur dahinter liegenden Falkensteinhalle ein. Dort gibt es Parkmöglichkeiten.

Der Einstieg ist aber auch vom Wanderparkplatz beim Segelfluggelände Grabenstetten an der Kreisstraße 6759 möglich.

Loslaufen kann der Skilangläufer auch vom Parkplatz, der sich südlich von Grabenstetten an der Kreisstraße 6758 in Richtung Römerstein unmittelbar am Heidegraben befindet.

Loipenverlauf

Wir wählen den Einstieg beim Grabenstetter Rathaus und tragen an diesem recht kalten Wintertag „Spezial Blau" auf unsere Wachsski auf – eine Wahl, die sich nicht nur im Laufe unserer Tour als goldrichtig erweisen sollte, denn diese Wachsbeschaffenheit ist für die Loipen der Schwäbischen Alb

Grabenstetten

aufgrund ihrer Lage auf Höhen zwischen 700 und 800 m und der damit verbundenen Schneetemperatur oft ideal.

Nach dem Start beim Parkplatz sind's wirklich nur wenige Meter, bis die Loipe erreicht ist, die zunächst Richtung Westen fast bis zur Albtraufkante hin führt. Dann knickt die Loipe nach Süden ab und folgt immer den kleinen Waldbuchten, die sich zum Albtrauf hin erstrecken. Da und dort lohnt es sich, zwischen Bäumen und Sträuchern hindurchzuschauen, denn lohnende Aussichten aufs „Unterland" bieten sich.

Die Loipe folgt dem Waldsaum weiter südwärts, bevor sie dann nach Osten schwenkt. Nach einem guten Kilometer gilt es, die Gemeindeverbindungsstraße von Grabenstetten nach Hengen zu überqueren. Wieder folgt die Loipe dem Waldsaum. Hie und da geht es ein wenig bergan, doch wer einen gut präparierten Ski hat, der darf sich, sozusagen im Gegenzug, auf eine kleine Abfahrt freuen.

Bald endet die Loipe wieder an einer Straße. Diesmal ist es die Kreisstraße 6758 Grabenstetten–Römerstein. Hier sollte man die Ski unbedingt abschnallen und die Straße zügig überqueren, denn diese Kreisstraße ist zu manchen Zeiten ziemlich befahren. Die Loipe verläuft dann nach Norden und auf Grabenstetten zu.

Wer nur eine kleinere Runde drehen möchte, der orientiert sich zur Straße hin, die linker Hand verläuft, und läuft weiter in Richtung des Parkplatzes südlich von Grabenstetten.

Der Läufer ist also wieder am Auto zurück oder er überquert die Kreisstraße und folgt der Loipe wieder hinein in den Ort und zum Parkplatz beim Rathaus.

Ab und an lockt ein Abstecher in unberührtes Gelände.

Uracher Alb

Wer nach der „Südschleife" noch nicht genug hat, der läuft in Richtung Osten weiter und lässt Grabenstetten damit halb links liegen. Kurz nach Grabenstetten muss die Straße, die von Lenningen nach Grabenstetten heraufkommt, überquert werden. Auf der anderen Straßenseite teilt sich die Loipe nach links und rechts je zu einem Rundkurs. Wir halten uns nach links, überwinden ohne Probleme eine kleine Anhöhe am nördlichen Ortsrand von Grabenstetten. Hinter der Tennisanlage geht es weiter Richtung Westen; nach einer kleinen Abfahrt ist bald das Segelfluggelände westlich des Ortes erreicht. Zunächst verläuft die Loipe am Segelfluggelände entlang, schwenkt dann aber nach Norden ab und führt direkt auf den Wald am Albtrauf zu.

Von dort geht es Richtung Osten. Auf diesem Abschnitt ist die Grabenstetter Loipe identisch mit der Berghau-Loipe.

Nach wenigen Kilometern biegt die Berghau-Loipe nach Norden in den Wald hinein ab und führt in Richtung Hochwang. Wir halten uns weiter ostwärts am Traufwald entlang. Auf diesem Teil der Grabenstetter Loipe bietet sich ein Päuschen geradezu an, liegt die Loipe bei schönem Wetter doch voll in der Sonne.

Die Loipe führt weiter gen Osten und macht dann einen lang gezogenen Schwenk nach Süden in Richtung des Steinbruchs unweit der Lenninger Steige. In einem weiten Bogen geht es anschließend wieder zurück bis zum Übergang der Straße nach Lenningen und weiter bis zu unserem Ausgangspunkt am Grabenstetter Rathaus.

Schneetelefon: 07382-387

Unser Tipp

Nach einer Runde auf der Loipe bietet sich die Einkehr in einem der Gasthäuser in der Grabenstetter Ortsmitte an. Ob „Hirsch", „Ochsen" oder „Lamm" – in allen drei Gaststätten erwartet einen schwäbische Hausmannskost wie Zwiebelrostbraten mit Bratkartoffeln oder Schweinebraten mit Spätzle und Kartoffelsalat.
Wer nach dem sportlichen Spaß in der Loipe eher zum Relaxen neigt, dem sei statt des sofortigen „Einkehrschwungs" eine Fahrt ins Thermalbad nach Beuren empfohlen.
Die Panaroma-Therme mit ihrem warmen entspannenden Thermalwasser aus den Tiefen der Alb ist nach einer Langlauftour genau das Richtige, um die Muskulatur zu entspannen.
Info-Telefon 07025- 9105011.
Wer nach Langlauftour und Thermenbesuch dann doch Appetit verspürt, dem sei der „Balzholzer Keller" im gleichnamigen Örtchen empfohlen.

Römersteiner Loipen

Über ein ausgedehntes Loipennetz verfügt die Gemeinde Römerstein, die es nur als verwaltungspolitisches Gebilde gibt und zu der die Kommunen Böhringen, Zainingen und Donnstetten gehören. Donnstetter Loipe, Böhringer Loipe, Zaininger Loipe, Römersteiner Loipe und Aglishardter Loipe, benannt nach dem gleichnamigen kleinen Weiler hinter Böhringen, versprechen schöne Langlauftouren, die jeweils für sich stehen. Sie lassen sich aber gut miteinander kombinieren, so dass der ambitionierte Skilangläufer sich im Römersteiner Loipennetz sogar seine persönliche Skimarathon-Strecke austüfteln kann, denn das Gesamtnetz der Loipen ist etwas über 50 km lang.

17 Aglishardter Loipe

Die Loipe ist von leichtem Schwierigkeitsgrad. Sie verläuft – welch ein Genuss – abseits aller Straßen.

Streckenprofil

 ca. 8,5 km   1,5 bis 2 Stunden   Höhenmeter 120 m

Anfahrt

Idealer Einstieg in die Loipe ist beim Sportheim in Böhringen, das auch über eine Gastronomie verfügt. Dorthin gelangt man, wenn man von der B 28 her kommend in Richtung Ortsmitte Böhringen abbiegt, jedoch nicht in den Ort hineinfährt, sondern auf einer Straßenbrücke gleich wieder die B 28 überquert, geradeaus durch das sich anschließende Gewerbegebiet fährt und nach einer „Links-Rechts-Kombination" den Parkplatz unmittelbar am Sportheim erreicht. Es gibt aber auch noch ausreichend Parkmöglichkeiten unterhalb des dortigen Stadions.

Uracher Alb

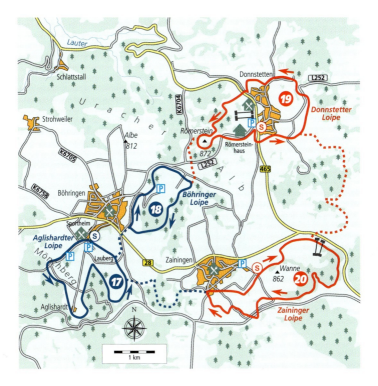

Loipenverlauf

Gleich hinter der Sportheim-Gaststätte beginnt die Loipe, die zunächst entlang einer lang gezogenen Hecke ganz leicht bergan führt. Wir setzen Diagonalschritt auf Diagonalschritt und erreichen bald ein kleines Wäldchen, wo uns ein Schild „Gutsbezirk Herzog von Tessin'sche Verwaltung" überrascht. Gegenüber steht ein markanter hoher Baum mit allerlei Wegzeichen.

Nach den ersten, etwas ansteigenden Metern gibt's jetzt gleich eine recht sanfte Abfahrt, auf der man es laufen lassen kann, weil am gegenüberliegenden Waldsaum ein kleiner „Gegenhang" als natürliche Bremse dient. Dort biegt die Loipe nach links ab und folgt dem Waldrand, um nach ein paar hundert Metern in eine kleine Abfahrt mit anschließendem kurzem, kräftigem Anstieg überzugehen.

Römerstein

Oben angekommen, geht's erst ein wenig eben weiter, bevor die Loipe immer mehr – allerdings nicht allzu steiles – Gefälle bekommt und man es bis zum kleinen Weiler Aglishardt getrost laufen lassen kann. Wer auf diesem Abschnitt so richtig Fahrt aufnehmen möchte, der sollte mit kräftigen Doppelstockschüben nicht geizen.

Kurz vor Aglishardt kommt man am kleinen Friedhof des Weilers vorbei, den ein markantes Kreuz ziert. Aglishardt liegt meist wie ausgestorben da, soll aber noch acht Einwohner haben. Es wurde als Typus eines früheren Ritterguts ins Denkmalbuch von Baden-Württemberg aufgenommen.

Die Loipe führt an Aglishardt in einer leichten Rechtskurve vorbei und folgt dann nach links in einem weiten Bogen dem Waldsaum. Dann geht's nach Norden und in einen lang gezogenen Anstieg über, der den einen oder anderen recht steilen, aber kurzen Abschnitt hat – ideales Terrain, um den richtigen Abdruck vom Ski und den kräftigen Armeinsatz zu üben.

Oben angekommen, belohnt eine schöne Abfahrt; der Langläufer sieht am gegenüberliegenden Hang den Campingplatz „Lauberg" liegen, der auch von Wintercampern gern frequentiert wird. Die Abfahrt mündet in eine nicht allzu enge Rechtskurve, über etwas Kurventechnik sollte man dort – zumindest bei schnellerer Fahrt – allerdings schon verfügen. Entlang dem Waldrand geht's nach der Abfahrt in ruhiges Gleiten über, die Loipe steigt jetzt wieder etwas an, um nach der Durchquerung eines kleinen Waldabschnitts immer am Waldrand entlang stetig bergab zu führen.

Es folgt eine kleine Senke; ein kleiner Anstieg ist danach schnell geschafft, bevor es teils am Waldsaum entlang, teils über offeneres Gelände nach Nordwesten wieder zurückgeht in Richtung Campingplatz und Böhringer Sportheim.

Schneetelefon: 07372-93980

Unser Tipp

Ein- und Ausstieg liegen beim Böhringer Sportheim. Da liegt es nahe, dort in der Albstadion-Gaststätte einzukehren. Ob Wildschweinbraten an Trollinger-Sauce mit Semmelknödel, Fitness-Hackbällchen im Pfännle mit Bratkartoffeln und Salat oder auch vegetarische Gerichte – der Langläufer hat die Qual der Wahl, um seine Energiebilanz wieder etwas ausgeglichener zu gestalten.

Wie verwunschen liegt der Weiler Aglishardt da, an dem die Loipe direkt vorbeiführt. ▷

Uracher Alb

Römerstein

⑱ Böhringer Loipe

Eine schöne, fast 10 km lange Runde, die weder steile Abfahrten noch bissige Anstiege aufweist.

Streckenprofil

 ca. 9,5 km   2,5 bis 3 Stunden   Höhenmeter ca. 150 m

Karte: siehe S. 61

Anfahrt

Als Einstieg in die Loipe bietet sich der Parkplatz bei der Turn- und Festhalle in Böhringen an. Die Halle liegt fast am Ortsrand, der Weg dorthin ist gut ausgeschildert.

Uns gefällt es aber auch gut, den Parkplatz beim Albstadion in Böhringen, das allerdings jenseits der B 28 liegt, als Ausgangspunkt zu nehmen, schließlich lässt sich dann nach der Rückkehr zum Auto gleich ein „Einkehrschwung" in die Albstadion-Gaststätte anschließen (vgl. Beschreibung Aglishardter Loipe).

Loipenverlauf

Wir starten beim Albstadion und steigen in Sichtweite des dortigen Campingplatzes „Lauberg" in die Bindung. Am Campingplatz entlang nimmt der Langläufer zunächst ein Stück auf der Aglishardter Loipe unter seine Ski. Schnell geht das Gelände in eine sanfte Abfahrt über, die in einer kleinen Senke endet. Dort trifft man auf einen Asphaltweg, der hoffentlich gut zugeschneit oder so präpariert ist, dass es ohne Kratzer im Belag drüber hinweg geht. Ansonsten gilt: Abschnallen ist allemal besser, als die Langlaufski zu ruinieren. Die Loipe nähert sich dann allmählich der B 28; Böhringen mit seinem markanten Kirchturm kommt in Sicht. Auf einem kurzen Stück geht es fast parallel zur Bundesstraße, bevor diese überquert werden muss. Jetzt hat der Langläufer zwei Möglichkeiten: Er kann sich einmal nach rechts wenden, noch ein Sück entlang der B 28 laufen, kurz der Loipe in eine „Links-Rechts-Kombination" folgen, um dann geradeaus einen Anstieg in Angriff zu nehmen, der oben raus immer steiler wird und ihn in einem Bogen nach links hinauf auf eine kleine Hochfläche bringt. Dort ist der Übergang in die Zaininger Loipe möglich.

Wir nehmen dieses Mal die andere Richtung und laufen in der Loipe fast schnurgerade am Ortsrand von Böhringen entlang in nordöstliche Richtung. Bald ist der Waldrand erreicht, eine Waldpassage schließt sich an, die ein, zwei nicht ganz einfache, jedoch kurze Abfahrten aufweist. Ideales Terrain also, um mal wieder die Pflugtechnik zu üben; geübtere Läufer versichern sich, dass kein „Gegenverkehr" kommt, stellen sich in die Spur, geben den Skiern freie Fahrt und sausen mit hoffentlich guter Technik durch die Kurven.

Wenn es lichter wird, dauert es nicht lange, dann steht der Langläufer an der Straße zwischen Böhringen und Donnstetten, der L 252. Die Loipe verläuft jetzt ein kurzes Stück etwas oberhalb der Landesstraße, geht dann mehr und mehr in eine lange Rechtsschleife über. Wieder erkennt man ein Asphaltband: Es ist ein kleines Verbindungssträßchen, das von der L 252 rechts abzweigt und direkt zum kleinen Skilift „Hesel" führt, der vom SV Hülben unterhalten wird. Bevor der Skilangläufer dort anlangt, um in der kleinen Liftkneipe eventuell ein Päuschen zu machen, heißt es erst noch eine lang gezogene Steigung hinter sich zu bringen. Ist der Waldrand erreicht, geht es von dort in flotter Fahrt hinunter zum Skilift.

Doch Achtung! Im Pistengebiet endet die Loipe erst einmal; der Langläufer quert das Liftterrain und tut gut daran, nach rechts zu schauen, um Skiläufern oder Snowboardern nicht in die Quere zu kommen.

Läuft man weiter, so geht es kurz nach dem Liftgelände nach rechts etwas bergan und zum Waldrand hin.

Ab dem Skilift gab es in diese Richtung im Winter 2005/2006 auch eine sehr schön präparierte

*Mit Freunden in der Loipe:
Langlaufen ist Volkssport*

Skatingspur, die in langen Schleifen bergauf und bergab führte, bevor in einer Senke eine Rundstrecke wieder in Richtung „Hesel"-Lift abbog. Unserer Schätzung nach dürfte die Skatingspur zwischen 4 und 5 km lang gewesen sein. Wer also auf der Alb die ersten Skating-Kilometer der neuen Wintersaison absolvieren möchte, für den ist der Skilift „Hesel" idealer Ausgangspunkt – vorausgesetzt, dass die Aktiven des SV Hülben auch in kommenden Wintern eine Skatingspur präparieren.

Wir sind auf unseren klassischen Langlaufskiern am Waldsaum seitab des Liftgeländes angekommen, die Loipe führt leicht bergab, bevor es rechts um die Ecke in eine Steigung geht, die dem Waldrand folgt und allmählich immer steiler wird. Da heißt es, sich die Kräfte gut einzuteilen, die Schritte etwas zu verkürzen und das Gleiten bergan durch kräftige Stockschübe zu unterstützen.

Immer noch leicht ansteigend geht die Loipe durch etwas offeneres Gelände. Eine recht scharfe Rechtskurve führt dann bergab und hinein in den Wald. Die Loipe weist mehr und mehr ein ordentliches Gefälle auf, verläuft aber vorwiegend fast schnurgerade durch lichten Wald. Wer den Loipenverlauf kennt und gut auf den Skiern steht, der kann es auf diesem Abschnitt richtig sausen lassen, gut trainierte Oberschenkel lassen den Langläufer ohne Probleme längere Zeit in der Abfahrtshocke verharren – so geht es gut und gern 1,5 km dahin.

Das Gelände wird wieder flacher, ohne Armeinsatz läuft es jetzt nicht mehr. Nach etwa 250 m kommt der Langläufer aus dem Wald heraus und die Straße zwischen Böhringen und Zainingen, die B 28, kommt in Sicht. Hält man sich jetzt nach rechts, geht es über eine kleine freie Fläche bald wieder hinein in eine Abfahrt. Man lässt die Skier direkt auf Böhringen zu laufen. Bald ist wieder die Stelle erreicht, an der man die B 28 überquert, um nach wenigen hundert Metern wieder auf die Aglishardter Loipe zu treffen, die zurückführt zum Parkplatz beim Albstadion.

Schneetelefon: 07372-93980

Unser Tipp

Als gastronomische Alternative zur Albstadion-Sportgaststätte ist auf jeden Fall der Gasthof „Hirsch" in Böhringen zu nennen. Er liegt gegenüber dem Rathaus und bietet wohlschmeckende regionale Küche.

Begegnungsverkehr auf dem Verbindungsstück zwischen Aglishardter und Böhringer Loipe ▷

Uracher Alb

⑲ Donnstetter Loipe

Die Loipe führt auf langen Abschnitten durch sehr schöne offene Landschaft und bietet immer wieder schöne Panorama-Ausblicke über die Alb.

Streckenprofil

 ca. 8 km   2 bis 2,5 Stunden   Höhenmeter 120 m

Karte: siehe S. 61

Anfahrt
Als Ausgangspunkt bieten sich die Donnstetter Skilifte an, die direkt an der B 465 liegen. Dort sind ausreichend Parkmöglichkeiten auch für Langlauffreunde vorhanden. Nach Donnstetten gelangt man durchs Lenninger Tal, die Gutenberger Steige hoch und auf der Albhochfläche dann auf der B 465 bis nach Donnstetten. Wer aus Richtung Bad Urach her kommt, der fährt auf der B 28 bis Abzweigung Böhringen, fährt durch Böhringen hindurch und auf der L 252 bis nach Donnstetten. Aus dem Neuffener Tal kommend geht's über die Neuffener Steige hinauf auf die Alb. Links ab geht's auf der K 6759 durch Grabenstetten hindurch bis zur Einmündung in die B 28. Links abgebogen, geht es gleich nochmals links ab und hinein nach Böhringen, von dort wie oben beschrieben weiter nach Donnstetten.

Loipenverlauf
Wir parken am Donnstetter Skilift, wo es an sonnigen Wintertagen, wenn die Alb in blendendem Weiß daliegt, nur so wuselt vor Skifahrern, Snowboardern und Kindern, die auf ihren Schlitten jauchzend den Hang hinunterbrausen. Schnell sind die Langlaufski angeschnallt.
Wir laufen zunächst ein paar Meter parallel zur Bundesstraße 465, überqueren diese kurz vor einer Stromumspannstation. Dann geht's hinein in die offene, weite Alblandschaft, die sich von Donnstetten hinüberzieht in Richtung Westerheim.

Uracher Alb

Zunächst heißt's einen lang gezogenen, jedoch nicht allzu steilen Anstieg in ruhigem Diagonalschritt zu bewältigen. Doch wir halten schnell inne, denn nach rechts zum Wald hin lockt unberührter Harschschnee. Wir verlassen für eine Weile die ausgetretenen und gespurten Pfade, steigen dem Waldrand entgegen und sausen ins Tal – vergnügt wie kleine Buben.

Irgendwann geht's weiter. Wir kommen in leicht abfallendes Gelände, wo die Skier fast wie von selbst durch die Loipe ziehen und ein flirrendes Geräusch hervorrufen. Bald tauchen hinterm Wald die Windräder von Westerheim auf. In einer kleinen Senke weist ein Schild „Alb-Bad-Loipe" darauf hin, dass wir hier Anschluss ans Westerheimer Loipennetz haben.

Doch wir wenden uns nach Norden, wo sanfte Anstiege nur wenig Mühe machen. Nach einer langen Schleife und kurzer Abfahrt heißt es erst einmal abschnallen, um die Straße zwischen Donnstetten und Westerheim zu überqueren.

Nach einem kleinen Abschnitt durch lichten Wald taucht linker Hand das Vereinsheim der Sportfreunde Donnstetten auf. In zwei, drei Kehren bauen wir anschließend etliche

In der „weißen Wüste" findet jeder seinen Pfad – ob Reiter oder Skilangläufer.

Römerstein

Die Entscheidung naht: rechts oder links weiterfahren?

Höhenmeter ab, bevor es in eine allmählich fallende, lange Abfahrt geht. Gerade das richtige Terrain, um in die Abfahrtshocke zu gehen, die Stöcke zwischen die Arme zu klemmen und ins Tal zu sausen. Bevor wir an der Straße zwischen Gutenberg und Donnstetten nochmals abschnallen müssen, haben wir uns natürlich in gekonnter Pflugtechnik heruntergebremst.

Wem es jetzt schon reicht, der wendet sich nach links und hat parallel zur Straße nur noch wenige Meter bis zum Skilift.

Wir haben noch Kondition genug, um auf Skiern den Römerstein zu erklimmen (874 m hoch und mit Aussichtsturm versehen). Um den Römerstein herum geht's bald wieder talwärts. An der L 252 zwischen Böhringen und Donnstetten heißt es dann nochmals die Skier abschnallen, bevor bald das Römersteinhaus in Sicht kommt. Von dort sind's nur noch wenige Stockschübe bis zum Ausgangspunkt am Donnstetter Lift.

Schneetelefon: 07372-93980

Unser Tipp

Wer den Parkplatz am Donnstetter Skilift als Ausgangspunkt für seine Loipentour wählt, der parkt ideal, denn als Einkehradresse empfiehlt sich die Skiliftgaststätte, wo es vom herzhaften Vesper bis hin zu Rostbraten und saftigem Steak die übliche Auswahl an gutbürgerlichen Gerichten gibt.

Kurz mal die Loipe verlassen: Federleicht schweben auf schmalen Brettern durch unberührten Harschschnee. ▷

Römerstein

20 Zaininger Loipe

Die längste der Römersteiner Loipen kann als leicht eingestuft werden. Sie führt durch abwechslungsreiches Gelände.

Streckenprofil

 ca. 12 km   2,5 bis 3 Stunden   Höhenmeter ca. 100 m

Karte: siehe S. 61

Anfahrt

Man kommt nach Zainingen auf der B 28 von Bad Urach her. Zubringer zur B 28 führen über die Beurener Steige von Beuren oder über die Neuffener Steige von Neuffen herauf. Auf der B 28 fährt man in Richtung Blaubeuren/Ulm, bis man direkt an Zainingen vorbeikommt und in die Ortsmitte abbiegt. Man fährt durch den lang gestreckten Ort hindurch, bis der Ortsausgang in Richtung Ulm und ein kleineres Gewerbegebiet erreicht ist. Dort lässt man das Auto stehen. Zur Orientierung: Unmittelbar am Rande der B 28 befindet man sich jetzt. Es gibt eine Unterführung, um in Richtung Donnstetten zu gelangen.

Loipenverlauf

Am östlichen Ortsende von Zainingen läuft die Loipe zunächst auf den ersten paar hundert Metern parallel zur B 28 in Richtung Skilift „Salzwinkel" auf einen Steinbruch zu. Nach Steinbruch und Schotterwerk steigt die Loipe allmählich den Hang hinauf weiter in Richtung Skilift. Kurz vor dem Waldrand ist bald eine kleine alte Wellblechhütte erreicht. An dieser vorbei geht es ein kurzes Stück durch den Wald. Nach ungefähr zehn Metern biegt die Loipe scharf nach rechts ab; es folgt ein gerades Stück, das leicht ansteigt. Nach wenigen Metern verlässt man den Wald und folgt dem Waldrand nach links. Nach einer Rechtskurve passiert der Langläufer einen Jägerstand. Die Loipe geht flach am Wald entlang, bestes Übungsgelände also für kräftige Doppelstockschübe.

Die Loipe läuft weiter durch flaches Gelände und geht allmählich in eine Senke hinunter, um in westlicher Richtung dann wieder auf ein Waldstück zuzulaufen. Es folgt ein kleiner, relativ steiler Anstieg, an dem der Skilangläufer durchaus Kraft, gepaart mit Technik, braucht, wenn es zügig bergan gehen soll.

Die Spur wendet sich dann ziemlich direkt in nördliche Richtung, man kommt nach kleiner, schöner Abfahrt am Ortsrand von Zainingen vorbei. Bald gilt es, die B 28 zu überqueren, fast parallel zur Bundesstraße geht es bis zum östlichen Ortsausgang von Zainingen zum Ausgangspunkt zurück.

Bisweilen verläuft die Spur nach Überqueren der Bundesstraße aber auch Richtung Norden, erreicht den Wald, durchquert ein kleines Waldgebiet und macht einen großen Bogen, bis man wieder auf

Vergnügte Schlittenfahrer begegnen dem Langläufer.

Weit schweift der Blick über die kuppige Alblandschaft.

die B 28 trifft. Hat man die ersten Häuser Zainingens gegenüber der Bundesstraße im Blick, befindet sich unweit eine Unterführung – die Runde ist geschafft.

Unser Tipp

Wer nach den 12 km auf der Zaininger Loipe eine Stärkung braucht, der wendet sich einfach in Richtung Ortsmitte und sieht, kurz nachdem er an der örtlichen Hüle vorbeigekommen ist, das Gasthaus „Löwen", das mit überaus schmackhaften Gerichten aus regionaler Produktion aufwartet.

21 Grafental-Loipe

Hier kann die Weite der weißen Fläche geatmet und ihre sagenhafte Stille genossen werden. Landschaftlich reizvoll, aber einsam gelegen.

Streckenprofil

 5 bis 16 km   1 bis 3 Stunden   Höhenmeter 60 bis 120 m

Anfahrt

Mit dem Auto über die B 313 nach Trochtelfingen. Einstieg beim Kundenzentrum von „Alb-Gold", beim Skilift „Hennenstein" am Ortsrand in Richtung Mägerkingen oder direkt in Trochtelfingen oberhalb der Sportanlage.

Loipenverlauf

Die Rundloipe mit den beiden Anschlüssen „Alb-Gold" und Skilift „Hennenstein" bietet drei abwechslungsreife Schlaufen, die einzeln oder zusammen gelaufen werden können.

Die landschaftlich reizvolle, recht einsam gelegene Grafental-Loipe verläuft zwischen Trochtelfingen im Osten, Hörschwag und Hausen im Westen sowie Mägerkingen im Süden. Sie kreuzt nur an einer Stelle beim Anschluss zu „Alb-Gold" eine Straße. Beim Start bei der Seniorenresidenz oberhalb der Sportanlage geht es zunächst an einem Fahr- und Wanderweg rechts vom Waldrand hoch auf eine kuppige Ebene.

Es empfiehlt sich, oben die Laufrichtung nach rechts zu wählen. Die Loipe macht nun ein paar Kurven und lebhafte Schlenker, zieht sich zwischen kleinen Waldstücken links und Feldern rechts entlang. Schließlich macht sie eine Schlaufe, bevor es bei der ersten Abfahrt hinunter in das Tal geht, das der weißen Spur ihren Namen gibt: das Grafental.

Unten teilt sich die Loipe auf. Wer vom Anschluss „Alb-Gold" aus kommt, trifft nach dem vorherigen Überqueren der Straße hier auf die Hauptloipe. Mit der Schlaufe lässt sich die Strecke auf Wunsch verlängern. Diese ist landschaftlich

Reutlinger Alb

allerdings nicht ganz so reizvoll wie der restliche Verlauf.

Mit oder ohne Schlaufe wählen wir nun die Loipe nach links, folgen dem sonnigen Tal in südlicher Richtung. Die Loipe zieht sich am linken Hang sanft nach oben, kreuzt den Talgrund und findet rechts ihren Weg unmittelbar am Waldrand. Bald verlässt die Loipe das Grafental. Die Spur zieht nun in einer Waldschneise einen steileren Anstieg hoch.

Oben geht es nach links auf nur einer Spur in den Wald hinein, der schon bald wieder verlassen wird. Die Loipe läuft nun beschaulich auf einer Ebene stets rechts vom Waldrand dahin, steigt nochmals an, bevor es mit Blick auf den Skilift Hausen gegenüber über eine für „Bruchpiloten" heikle Schwelle wieder in den Wald hinein geht. Die Loipe folgt kurz einem Waldweg, steigt an und biegt rechts ab. Es folgen eine rasante Abfahrt und ein steiler Anstieg.

Oben angelangt, folgt der wohl schönste Teil der Strecke. Hier

Hinter dem Geäst lugt die Wintersonne hervor.

Trochtelfingen

Im Diagonalschritt hinaus in die Weite der weißen Fläche.

kann die Weite der weißen Fläche geatmet und ihre sagenhafte Stille genossen werden. Über zwei größere, leicht abfallende Ebenen geht es mit zwei lang gezogenen Abfahrten zurück ins Grafental.

Diesem folgt die Spur nun recht zielstrebig nach Norden und zieht sich schließlich rechts an der Talflanke s-förmig hoch zu einem Kreuz. Dort geht es entweder gleich zum Ausgangspunkt zurück oder rechts hinein in den Wald. Die reizvolle Waldschlaufe ist nicht immer gut präpariert und benötigt etwas mehr Schnee. Nach einer Abfahrt geht es oberhalb von malerisch im Wald gelegenen Häusern einen Anstieg hoch. Die Loipe macht nun eine lange Kurve, biegt scharf links ab und verlässt nach einer Biegung 100 m später rechts den Wald.

Bald kommt der Kreuzungspunkt, wo der Zubringer vom Skilift „Hennenstein" dazustößt. Um zum Parkplatz bei der Seniorenresidenz zurückzugelangen, biegen wir nun nach links ab, genießen auf der launigen Auf-und-nieder-Fahrt am Hang den schönen Blick rechts auf Trochtelfingen und gelangen nach einer letzten Abfahrt an den Ausgangspunkt zurück.

Schneetelefon: 07124-4821

Unser Tipp

Nach einer sportlichen Etappe oder gemütlichem Wandern mit den schmalen Latten ist ein Abstecher ins Albquell Bräu-Haus zu empfehlen. Der dort herrlich frisch gezapfte Urtrunk verfehlt seine Wirkung als isotonischer Durstlöscher garantiert nicht. Die schwäbische Küche hält für den Ausgleich der Energiebilanz so manche deftige Spezialität bereit, etwa einen würzigen Rostbraten oder einen erfrischenden Wurstsalat. Für Kenner gibt es jeden Freitag leckere Kutteln.

Immer wieder kommen Abfahrten, bei denen man es richtig laufen lassen kann. ▷

Reutlinger Alb

Münsinger Loipen

Ein Eldorado für Langläufer ist das Loipennetz der Stadt Münsingen. Schon allein die flächenmäßige Ausdehnung Münsingens mit seinen zwölf Teilorten bietet optimale Bedingungen für raumgreifende Sportarten. Dazu kommen die Vielfalt der Landschaft, eine abwechslungsreiche Topografie und eine gute Vernetzung mit den Loipen der Nachbargemeinde Mehrstetten (siehe S. 44), so dass für eingefleischte Langläufer kaum Wünsche offen bleiben.

Die Stadt Münsingen selbst bietet Wintersportlern mit der Beutenlay- und der Alenbrunnen-Loipe sowie der Skating-Loipe beim Skilift Ziegelhäuser insgesamt 18,5 Loipenkilometer an. Rund um den Ortsteil Dottingen locken die Eisenrüttel- und die Panorama-Loipe sowie die Buchhalden- und die Katzenloch-Loipe für Skater

Eine Vielfalt an Loipen gibt es rund um Münsingen. Dort finden Anfänger, aber auch Anspruchsvolle die passende Spur.

Münsinger Alb

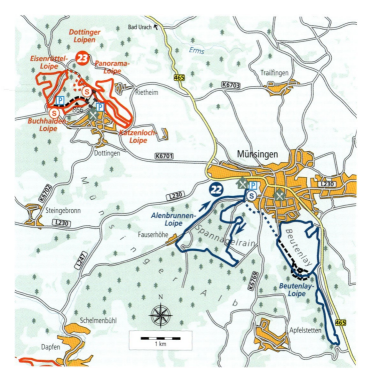

mit weiteren 15,5 km, die zum Teil auch höheren Ansprüchen genügen und etwas Kondition erfordern. Magolsheim, östlich der Münsinger Alb gelegen, verfügt über eine klassische, 12 km lange Loipe. In Bremelau südlich der Kernstadt werden jeden Winter eine klassische Loipe mit 5 km und die Skating-Loipe am Sportplatz mit 2,5 km gespurt.

Als kleine Auswahl aus dieser Loipen-Palette werden im Folgenden die Alenbrunnen-Loipe, die auch Anfängern Erfolgserlebnisse bieten kann, sowie die Dottinger Loipen, für die schon etwas Erfahrung mitgebracht werden sollte, beschrieben.

Münsingen

22 Alenbrunnen-Loipe

Sie beginnt nah an der Stadt und führt Wintersportler dennoch schnell hinaus in unberührte Landschaft. Auch Anfänger können diese Loipe und ihre Ausblicke genießen.

Streckenprofil

 ca. 7 km   etwa 1,5 Stunden   Höhenmeter 86 m

Karte: siehe S. 79

Anfahrt

Einstieg ist beim Sportplatz im Wiesental. Die Landesstraße 230 führt – aus Richtung Reutlingen kommend – direkt nach Münsingen hinein, man folgt der Ausschilderung Richtung Lautertal/Buttenhausen, überquert die Bahnlinie und biegt dann rechts in die Grafenecker Straße ein. Beim Sportheim der TSG Münsingen stehen etliche Parkplätze zur Verfügung, von denen aus die Loipe nach wenigen Metern direkt erreicht werden kann.

Loipenverlauf

Folgt man als Ortsunkundiger den Langlaufspuren direkt vom Parkplatz aus, dann ist die Wahrscheinlichkeit groß, dass man entgegen der empfohlenen Laufrichtung unterwegs ist, was natürlich für Wintersportler kaum von Belang ist. Um den „korrekten" Einstieg zu finden, müssen noch zwei asphaltierte Feldwege bergan in südlicher Richtung überquert werden, die auch im Winter geräumt werden. Entlang dem links liegenden Weg führt die Loipe recht steil hinauf in den Wald. Für alte Langlaufhasen ist dies die erste und beinahe einzige Herausforderung der Strecke, die im geübten Schlittschuhschritt erklommen werden kann. Wer diese Technik nicht beherrscht, tut gut daran, seine Langlaufski hinaufzutragen.

Der Wald öffnet sich alsbald auf ein weites Feld, über das die Loipe in einigen großzügigen Kurven im steten, aber sanften Auf und Ab verläuft. Hier verliert man den Blickkontakt mit der Zivilisation und fühlt sich – wenn einem sonst niemand begegnet, was gerade unter der Woche leicht passieren kann – in dieser weißen Weite ganz verbunden und eins mit der Natur. Dann geht es eine Weile recht eben zwischen Wald und Feld weiter, bis im Gewann Spannagelrain wieder etwas mehr Muskelschmalz für den moderaten Anstieg verbraucht wird. Klar, dass man sich danach bei einer kleinen Abfahrt erholen kann. Die Loipe umrundet nun eine Koppel, von deren südöstlichstem Zipfel aus der Weg erst einmal eine ganze Weile geradeaus am Wald entlang und durch den Wald hindurch führt. Spätestens an dieser Stelle wird man erneut von dem ganz besonderen Zauber dieser wildromantischen Landschaft gefangen genommen.

Die Loipe geht weiter über verträumte Lichtungen immer am Waldrand entlang. Dann macht sie einen sanften Knick Richtung Norden und führt übers freie Feld wieder bergan bis zum Weiler Fauserhöhe, der wie ein Überbleibsel aus einer vergangenen Zeit aus der Schneelandschaft erwächst. Der kleine Ort bleibt allerdings links liegen, da die Loipe nach rechts abbiegt und von dort aus in direktem Weg über etwa zwei Kilometer am Waldrand entlang wieder auf Münsingen zuführt. Jetzt geht es nur noch berg-

Die Zivilisation gerät auf der Alenbrunnen-Loipe schnell aus dem Blickfeld. Langläufer können sich ganz eins fühlen mit der Natur. Erst auf der Schlussgeraden, von der Fauserhöhe zurück nach Münsingen, fällt der Blick wieder auf die Stadt.

Münsingen

Herrchen und Hund ertüchtigen sich bei strahlendem Sonnenschein.

ab, eine Tour zum Genießen. Nach etwa zwei Dritteln der Strecke quert die Loipe einen asphaltierten Weg, der von der Landesstraße her kommt. Hier müssen die Ski noch einmal abgeschnallt werden. Danach saust man dann allerdings wieder dem Ausgangspunkt der Tour beim Münsinger Sportplatz entgegen.

Wer jetzt noch nicht genug hat, kann über eine ca. 2 km lange Verbindungsspur, die etwa in Höhe der Weggabelung kurz nach dem Loipeneinstieg nach links abzweigt, die Beutenlay-Loipe erreichen.

Schneetelefon: 07381-182145

Unser Tipp

Loipenein- und -ausstieg sind direkt beim Sportheim der TSG Münsingen. Das Restaurant „Della Rocca" im Sportheim bietet gute Pizza.
Empfehlenswert für alle, die heimische Genüsse bevorzugen, ist der Gasthof Herrmann, mitten in Münsingen am Marktplatz gelegen. Chefkoch Jürgen Autenrieth serviert dort klassisch Schwäbisches, aber auch wechselnde saisonale Gerichte mit Zutaten aus der Region.

Wer den Weiler Fauserhöhe erreicht hat, hat den größten und anstrengendsten Teil der Loipen-Tour bereits hinter sich. Von hier aus geht es nur noch bergab zurück zur Stadt. ▷

❷❸ Dottinger Loipen

Auch Skatingfreunde kommen hier auf ihre Kosten. Die Loipen sind kurz und knackig, teilweise pfeift der Wind gewaltig übers freie Feld.

Streckenprofil

 15,5 km   ca. 2 bis 3 Stunden   Höhenmeter 122 m

Karte: siehe S. 79

Anfahrt
Bester Einstieg für die Eisenrüttel- und die Buchhalden-Loipen ist der Waldparkplatz beim Sportheim Dottingen. Es liegt linker Hand an der Kreisstraße 6701, die von Gächingen nach Dottingen führt, etwa einen guten halben Kilometer hinter dem Scheitelpunkt der Straße, von dem aus es bergab nach Dottingen geht. Die Sportanlagen sind nicht zu übersehen.

Die Panorama- und die Katzenloch-Loipe sind vom Dottinger Skilift aus zugänglich. Von Gächingen kommend fährt man bergab nach Dottingen hinein und biegt schließlich in der Ortsmitte nach links in die Fölterstraße ein. Sie geht über etwa 1 km direkt bis zum Parkplatz am Skilift. Da es hier streng aufwärts geht, diese Straße aber nicht permanent geräumt wird, sind Winterreifen dringend zu empfehlen.

Loipenverlauf
Relativ kurz, aber knackig, sind die Dottinger Loipen. Sie lassen sich bestens miteinander kombinieren und bieten als Gesamtpaket auch für Anspruchsvolle ein sportliches Programm, denn die Topografie ist hier sehr interessant. Insbesondere die Eisenrüttel-Loipen (3 und 3,5 km lang) verlangen Wintersportlern einiges ab. Die Panorama-Loipe (3,5 km) belohnt die Mühen des Anstiegs mit einem phantastischen Ausblick ins Ermstal und über das Münsinger Hardt.

Auch Skating-Freunde kommen in Dottingen auf ihre Kosten, denn gleich zwei Runden werden für sie gesput: die 3,5 km lange Katzenloch-Loipe, die vom Parkplatz am Dottinger Skilift leicht zu erreichen ist, und die Buchhalden-Loipe, die am Waldparkplatz beim Sportheim Dottingen startet und auf ihren 2 km hinauf bis zum alten Skilift auch für eingefleischte Skater eine Herausforderung ist.

Alle Loipen sind mit kleinen, nummerierten Hinweistafeln gut ausgeschildert.

Panorama- und Katzenloch-Loipe beginnen im Tal unterhalb des Skilifts. Rechter Hand, am Waldrand, gibt ein kleines blaues Schild die Richtung an. Zunächst geht es sanft bergan, am Waldrand entlang und über Wiesen. Die schmalen Ski gleiten leicht über den Schnee, zügig werden der östliche Zipfel Dottingens und die Straße nach Rietheim erreicht. Weiter geht es nach links über einen kleinen steilen Anstieg, der nur im Schlittschuh-Schritt oder mit geschulterten Ski zu erklimmen ist. Die Panorama-Loipe verspricht in ihrem Namen einen Ausblick in die Weite. Wer den genießen will, der muss noch weiter hinauf! Stetig schraubt sich die Loipe bergan, führt bis an den Ortsrand von Rietheim heran. Nach vielen Kurven und noch mehr Verschnaufpausen ist schließlich der „Gipfel" erreicht. Der Blick schweift über das Ermstal und den ehemaligen Truppenübungsplatz bis Trailfingen und Auingen. Ein spektakuläres Panorama, das die Mühe des Anstiegs vergessen lässt.

Auf dieser Höhe braust der Wind ungehindert über das offene Feld. Statt allzu lang zu verweilen, ist deshalb der schnelle Weg ins Tal vorzuziehen. Schwungvoll geht es hinab, die Loipe führt fast wieder bis zum Fuß des Skihangs, der lin-

Ein grandioser Ausblick auf das Ermstal und das Münsinger Hardt entschädigt für den beschwerlichen Anstieg auf die Höhe bei Rietheim, den Langläufer auf der Panorama-Loipe bewältigen müssen.

ker Hand sichtbar wird. Wer jetzt, nach den ersten 3,5 km, bereits genug hat, hat es zum Parkplatz nicht mehr weit.

Nach rechts biegt in den Wald eine Verbindungsspur ab, die zum Eisenrüttel, einem Überrest des schwäbischen Vulkans, führt. Dort beginnen an der Kreuzung mehrerer Wege zwei weitere Loipen, die einen reizvollen Kontrast zur Panorama-Loipe darstellen. Von nun an geht es ausschließlich ganz windgeschützt durch den Wald, allerdings hat es die Strecke in sich. Tatsächlich ist die Eisenrüttel-Loipe 2 die einzige Münsinger Loipe, die in die Kategorie „mittel/schwierig" eingestuft ist. Auf und ab, hinaufkraxeln und hinabsausen, wechseln stetig miteinander ab. Die ebenen Strecken sind kurz. Umso länger ist mancher Anstieg. Ein wenig Kondition und Ehrgeiz braucht's, um die Steigen ohne Gesichtsverlust zu bewältigen.

So abwechslungsreich wie der Loipenverlauf präsentiert sich auch der Wald. Mal führt die Spur durch lichte Jungbuchenbestände, mal ist der Weg gesäumt von dicken, hohen Fichten. Dann wieder gibt sich der Forst wildromantisch mit Baumskeletten und wildem Gestrüpp.

Wer stetig der Spur folgt, sieht unvermittelt das Dottinger Sportheim vor sich. Dort ist der zweite Einstieg ins Loipennetz, dort beginnt auch die zwei Kilometer lange Skating-Strecke auf die Buchhalde, die etwas für sportlich ambitionierte Läufer ist. Sie führt hinauf bis zur Bergstation des alten Skilifts, gleichzeitig der höchste Punkt im Dottinger Loipensystem.

Der Weg vom Sportheim zurück zum Skihang ist moderat und kann flott gemeistert werden. Allerdings droht allen, die ihr Auto beim Skilift abgestellt haben, nun noch der Anstieg bis zum Parkplatz.

Schneetelefon: 07381-182145

Unser Tipp

Nach der Tour kann man sich in der Skihütte beim Dottinger Skilift verpflegen, die vom Albverein betrieben wird. Sie ist im Winter, wenn ausreichend Schnee vorhanden ist und der Lift läuft, von 11.30 Uhr bis zum Einbruch der Dunkelheit geöffnet. Bei Flutlichtbetrieb am Lift kann man dort bis 21.30 Uhr einkehren. Das Dottinger Sportheim wird vom SV Dottingen ehrenamtlich betrieben; verlässlich ist es nur samstags und sonntags (Frühschoppen) geöffnet. Es werden ausschließlich Getränke angeboten.

Den Schlittschuhschritt für Anstiege sollte man als Langläufer schon beherrschen, wenn man sich auf die Panorama-Loipe oder die Eisenrüttel-Loipe bei Dottingen wagt. ▷

St. Johann

St. Johanner Loipen

St. Johann mit den Ortschaften Würtingen, Lonsingen, Upfingen und Bleichstetten bietet drei Loipen, die sich mit Längen von drei bis sieben Kilometern eher für eine schnelle Runde als für ein Wochenendprogramm eignen. Da aber bei guter Schneelage Skiwanderwege gespurt sind, die die Loipen miteinander verbinden, hat dieser Teil der Uracher Alb mit einer Gesamtstreckenlänge von rund 30 leicht zu bewältigenden Kilometern durchaus etwas zu bieten – vor allem für die Freunde unberührter Landschaft und weiter Flächen.

Hesselbuch-Loipe

Eine ruhige Tour ohne technische Herausforderungen in abwechslungsreicher Landschaft. Waldpartien geben Schutz vor Wind und Wetter.

Streckenprofil

 ca. 6 km   1,5 Stunden   Höhenmeter 30 m

Anfahrt
Aus Richtung Reutlingen–Tübingen über Eningen und die Eninger Steige bis zum Gestütshof St. Johann, dann auf der L 380 entweder den Parkplatz Ochsenbühl oder den nächsten in Richtung Würtingen auf der rechten Straßenseite ansteuern. Der Einstieg in die Loipe befindet sich auf der anderen Straßenseite. Aber auch der Parkplatz hinter dem Ortsausgang von Bleichstetten an der K 6708 eignet sich.

Loipenverlauf
Als Einstieg in das St. Johanner Loipennetz ist die Hesselbuch-Loipe wie geschaffen. Man kann dort eine Runde drehen oder über Bleichstetten beispielsweise die

Uracher Alb

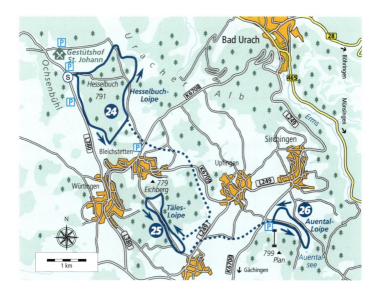

Täles-Loipe anhängen. Die Loipen sind bei guten Schneeverhältnissen als Doppelloipe gespurt, bei weniger als 30 Zentimeter Schnee werden sie mit Rücksicht auf Wiesen und Äcker einspurig angelegt.

Gemütlich durch die Landschaft gleiten, Blicke schweifen lassen – aber bitte keine Adrenalinschübe. Wer beim Langlaufen den Genuss über die sportlichen Herausforderungen stellt, ist in St. Johann richtig. Die Hesselbuch-Loipe führt – wie der Name vermuten lässt – einmal rund um den 791 m hohen Hesselbuch und eröffnet sowohl weite Blicke über die Alblandschaft als auch Waldpassagen, in denen man Schutz findet, wenn mal wieder der Wind pfeift.

Hütten-Zauber

St. Johann

Die Loipe ist weitgehend eben, allenfalls sorgen kleine Hügel, die aber keine größeren Anforderungen an das fahrerische Können stellen, für Unterhaltung.

Am besten fährt es sich der Beschilderung nach gegen den Uhrzeigersinn. Vom Parkplatz Ochsenbühl aus führt die Loipe dann erst von der Straße an den Waldrand. Nach ungefähr einem Kilometer mündet dort auch die Zubringerspur vom Parkplatz Birkhau ein. Dann geht es über kleine Hügel rund einen Kilometer in Richtung Süden, bis die Loipe in den Wald abzweigt. Nach einigen hundert Metern liegt rechts das Schützenhaus. Die dort von rechts einmündende Loipe führt zum Parkplatz am Ortsausgang Bleichstetten, ist aber gleichzeitig auch der Beginn des rund 5 km langen Verbindungswegs zur Täles-Loipe. Von nun an zieht sich der Weg über längere Zeit leicht bergan, rechts ist über Felder freie Sicht in Richtung Bleichstetten, im Osten ist im Hintergrund der Einschnitt des Ermstals zu ahnen, im Hintergrund erheben sich die Hügel der Uracher Alb. Kurz bevor die Loipe nach links abbiegt, erreichen wir die Rohrauer Hütte – das Naturfreundehaus ist am Wochenende sogar bewirtschaftet.

Bei der kleinen Linkskurve nähert sich die Loipe dem Rutschenfelsen und damit dem Albtrauf. Doch keine Sorge, die Spur führt nicht in den Abgrund, sondern nach links, und nach einer kleinen Abfahrt liegt der Fohlenhof jenseits der Felder. Die Loipe verläuft nun weiter linker Hand, in der Ferne ist bereits der Gestütshof St. Johann zu erkennen. Nach einem kleinen Anstieg folgt die Loipe wieder dem Waldrand, was auf dieser Seite Schutz vor dem kalten Ostwind bietet. Zubringerloipen führen zu den Parkplätzen.

Unser Tipp

Ochsenmaulsalat, Rehbraten, Maultaschen in der Suppe – ein Ausflug durch die kalte Alb-Luft macht hungrig und durstig, weshalb manch ein Langläufer sein Auto gleich beim Gestütshof St. Johann abstellt und querfeldein bis zum Einstieg in die Hesselbuch-Loipe läuft. Im Gestütsgasthof gibt es deftig Schwäbisches – gemischten Braten mit Spätzle und Salat – aber auch Kaffee und Kuchen sowie eine kleine Auswahl für Vegetarier. Der Gasthof ist urig, verfügt über Tische, an denen auch eine Großfamilie Platz findet, und ist an der L 380 zwischen Eningen und Würtingen ausgeschildert.

Vorsicht, Baum: Bei manchen Abfahrten muss man sich in die Kurve legen. ▷

25 Täles-Loipe

Sie eignet sich als „Übungsloipe" für die ersten Gehversuche auf den schmalen Brettern.

Streckenprofil

 3 km   30 Minuten   Höhenmeter: fast eben

Karte: siehe S. 89

Loipenverlauf

Die drei Kilometer lange Täles-Loipe wird wohl kaum jemand gezielt für einen Langlaufausflug ansteuern. Sie ist eher Teil des Skiwanderwegs, der die Hesselbuch- und Auental-Loipe miteinander verbindet. Da sie aber topfeben eine Runde entlang der Verbindungsstraße zwischen Bleichstetten und Lonsingen dreht und relativ windgeschützt ist, eignet sie sich als „Übungsloipe" für die ersten Gehversuche auf den schmalen Brettern. Wer den Skiwanderweg von Bleichstetten her kommt und den Loipeneinstieg ansteuert: Beim Sportheim Bleichstetten geht es ins „Täle" – also rund 150 m ordentlich bergab!

Wer nun die Runde über die Täles-Loipe gedreht hat, den erwartet am Ende, schon in Sichtweite von Lonsingen, der Verbindungsweg zur Auental-Loipe. Er führt zunächst entlang der Verbindungstraße zwischen Lonsingen und Upfingen, quert zunächst diese und wenig später auch die K 6700 zwischen Gächingen und Sirchingen und führt in der Ebene zum Skilift Beiwald, dem Ausgangspunkt der Auental-Loipe.

Viele Wege führen zum Langlauf-Spaß. Doch wer an die Natur denkt, bleibt bei dünner Schneedecke in der gespurten Loipe. ▷

Uracher Alb

26 Auental-Loipe

Eine leichte, nahezu ebene Loipe ohne sportliche Herausforderungen mit schöner Aussicht.

Streckenprofil

 2,8 km   30 Minuten   Höhenmeter 10 m

Karte: siehe S. 89

Loipenverlauf

Mit ihren 2,8 km Länge ist sie die kürzeste der drei St. Johanner Loipen. Start ist am Skilift Beiwald zwischen Sirchingen und Gächingen. Von dort führt sie zunächst am Verbindungsweg entlang und macht dann eine leichte Rechtskurve. Von hier aus zieht sich die Spur leicht bergan, rechts gibt ein Wäldchen Windschutz.

Kurz bevor der Weg in den Wald führt, biegt die Loipe links am Waldrand ab und führt nun auf der anderen Seite der Lichtung wieder in Richtung Norden. Linker Hand erreichen wir nun bald den Auental-See.

Nun geht es leicht bergauf bis fast auf die Höhe der Verbindungsstraße mit schönen Blicken auf das Naturschutzgebiet Upfinger Ried und die Häuser von Upfingen.

Links wartet nach einer kleinen Abfahrt bereits die Skihütte am „Beiwald-Lift".

Wer eine heftige Abfahrt nicht scheut, der kann nun über den nicht gesperrten Gemeindeverbindungsweg Sirchingen–Dottingen den Anschluss ans Dottinger Loipennetz suchen. Doch Vorsicht: Die 200 m lange Abfahrt durch den Wald ist etwas für Könner. Anfänger also lieber abschnallen!

Einsame Spuren erwarten die Langläufer. ▷

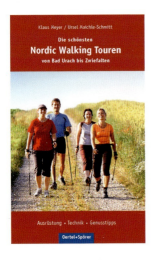

Klaus Meyer/
Ursel Maichle-Schmitt

Die schönsten

Nordic Walking Touren

zwischen Bad Urach
und Zwiefalten

96 S., zahlr. Farbabbildungen
und Karten, 11x18 cm, brosch.

ISBN-10: 3-88627-**289**-3
ISBN-13: 978-3-88627-**289**-1

Entdecken Sie 30 Touren zwischen Bad Urach und Zwiefalten,
von denen die meisten sowohl für Einsteiger geeignet sind als
auch „Profis" genügend Erweiterungsmöglichkeiten bieten.

Zusätzlich zu den Touren finden Sie Tipps und Anleitungen
zu den Bereichen Ausrüstung, Vorbereitung, Technik und
Gesundheit.

Werden Sie aktiv für Ihre Gesundheit und trainieren Sie im
größten Fitness-Studio der Welt – in der Natur.

Oertel+Spörer
Verlags-GmbH+Co.KG
Postfach 16 42
72706 Reutlingen
www.oertel-spoerer.de